Harald Fäth

1945 - Thüringens Manhattan Project

Auf der Spurensuche nach der verschollenen V-Waffen-Fabrik in Deutschlands Untergrund

An dieser Stelle möchte ich allen meinen Dank aussprechen, die mich bei den Recherchen für dieses Buch und bei meiner Arbeit unterstützt haben:

Meiner Frau Jutta

G. Remdt
Stephan Fengler
Rüdiger und Rico
Patrick
Jens N.
Björn, Jörg, Philippe
Dieter D.
Stephan R.
Michael H.
sowie
Markus S. aus Österreich
und Michel aus Holland

Harald Fäth

1945 - Thüringens Manhattan Project

Auf der Spurensuche nach der verschollenen V-Waffen-Fabrik in Deutschlands Untergrund

CTT

Heinrich-Jung-Verlagsgesellschaft mbH

1. Auflage März 1998

Satz und Umschlagentwurf: TM, Suhl
Gesamtherstellung: CTT-Verlag und Druckerei Foerster, Schleusingen
Printed in Germany

CTT-Verlag
ISBN 3-9805278-8-3

Heinrich-Jung-Verlagsgesellschaft mbH
ISBN 3-930588-39-0

Inhalt

Der Auslöser

Vor einigen Jahren liefen im Deutschen Fernsehen zwei Dokumentationen von Hosny/Fitzke über das Thema Jonastal. Eigentlich waren sie es, die in mir den Wunsch weckten, mehr über die in diesem Areal bei Arnstadt befindlichen Stollensysteme und ihre Geschichte in Erfahrung zu bringen.
Hosny und Fitzke versuchten zwar, sehr objektiv zu berichten, doch spürte man trotzdem eine gewisse Abenteuerlust, gepaart mit jenem geheimnisvollen Flair, welches heute, in unserer „aufgeklärten Welt", von so vielen Menschen gesucht wird.
Meine erste Begegnung mit dem Jonastal[1] und seinen Stollenanlagen verlief allerdings weit weniger dramatisch und eher enttäuschend. Erst nachdem wir[2] einen Ortsansässigen um Hilfe baten, war es uns überhaupt möglich, die Stelle, an der die Jonastalstollen liegen, zu finden; vorher fuhren wir mehrfach die Landstraße zwischen Crawinkel und Arnstadt hin und her, ohne auch nur ansatzweise etwas Stollenähnliches zu sehen. Allenfalls ein Steinbruch sah etwas merkwürdig aus. Daß es sich eben nicht um einen Steinbruch, sondern um die ehemalige Baustelle handelte, war die erste Überraschung, die wir erleben sollten. Etliche weitere sollten folgen.
Eine erste Bestandsaufnahme in Form einer Begegnung des Gebietes war ernüchternd: Es sah im wahrsten Sinne des Wortes aus, als habe hier „die (oder besser mehrere) Bombe(n)" eingeschlagen. Eine meterhohe Schutthalde, riesige Felsblöcke, Steilwände, die aussahen, als

würden sie jeden Moment Material nach unten schikken, und vor allem: keine Spur von Stollen.
Erst nach langem, ermüdendem Klettern gelang es, einen (noch) offenen Zugang zu finden. Es handelte sich um den Stollen 15. Unvorbereitet wie wir waren, hatte natürlich niemand eine Taschenlampe dabei. So mußten wir uns im Feuerzeugschein, ohne Helm und in Straßenschuhen, im Stollen bewegen. Viel zu sehen war dadurch natürlich nicht; der Faszination, die dieser Ort ausstrahlte, konnte sich aber niemand entziehen. Und somit war das Bedürfnis, mehr zu erfahren, geweckt. Die Recherchen erbrachten nicht nur bekannte Fakten, sondern auch jede Menge Ungereimtheiten. Je mehr Widersprüche, fehlende Dokumente und rätselhafte Aussagen sich ansammelten, desto mehr wuchs die Faszination, bis sich schließlich am Ende eine völlig neue Sicht der Dinge ergeben sollte...
Im Anschluß ist das Ergebnis von mehr als fünf Recherchejahren aufgeführt. Besonderer Wert wurde auf die Auswertung von Zeugenaussagen gelegt, insbesondere darauf, diese möglichst wörtlich zu nehmen. Ein Teil der ursprünglich nur mündlich vorliegenden Zeitzeugen-Berichte wurde bereits vor meinen Aktivitäten von anderen Forschern zusammengetragen und dokumentiert, denen hierfür mein Dank gilt.
Die Schlußfolgerungen, die in diesem Buch gezogen werden, basieren auf ***meiner persönlichen Überzeugung***, die durch verschiedene Umstände und Indizien geprägt wurden und die ich hiermit zur Diskussion stelle.
Die Nennung von Personen bedeutet nicht, daß sich diese mit meinen Hypothesen einverstanden erklären.

Geheimnisvoll... „Olga"

Der Beginn

Ein Grund dafür, daß viele mit dem Zweiten Weltkrieg in Verbindung stehende militärische Aspekte erst nach und nach ans Tageslicht gelangen, und das gilt insbesondere für die damals durchgeführten unterirdischen ingenieurtechnischen Maßnahmen, mag zweifellos darin begründet liegen, daß die betreffenden Anlagen einerseits nur schwer oder gar nicht zugänglich sind, andererseits aber nur selten darüber berichtet wurde bzw. die vorhandenen Archive wenig darüber aussagen. Taktisch bzw. strategisch wichtige Kommando- und Kommunikationszentralen unter die Erde zu verlegen, um damit einen direkten feindlichen Zugriff zu erschweren, war im Zweiten Weltkrieg üblich. Das deutsche Militär hatte aus den Erfahrungen des Ersten Weltkrieges Rückschlüsse gezogen und wollte die daraus resultierenden Erfahrungen bei einem eventuellen zukünftigen bewaffneten Konflikt verwertet wissen.

Wie weit in den dreißiger und vierziger Jahren militärische Vorausplanungen erfolgten, zeigt beispielsweise die Tatsache, daß bereits am 13. Juli 1934 der Auftrag gegeben wurde, eine unterirdische Nachrichtenanlage in Betonbunkern zu bauen. Diese Entscheidung wurde von der Heeresleitung im Februar des genannten Jahres im Zusammenhang mit der Festlegung getroffen, daß bei einem bewaffneten Konflikt, je nach Lage, entweder von Zossen (Hauptführungsstelle) oder

Ohrdruf (Ausweiche) aus geführt werden solle. Baubeginn für die Ohrdrufer Anlage war im Frühjahr 1936; Fertigstellung und Inbetriebnahme fanden am 27. Oktober 1938 statt. Von dieser Zeit an bis Ende 1944 hört man so gut wie nichts mehr von Ohrdruf.

Am 24. August 1944 fand dann eine Unterredung zwischen dem Chef des Wehrmachtführungsstabes, Generaloberst Alfred Jodl, und dem Wehrmachtsadjutanten beim Führer, Oberst Gustav Streve, statt. In den überlieferten Berichten zu „Planungen und Neubauten FHQu" (FHQu = Abkürzung für Führerhauptquartier, Anm. d. Autors) geht es, neben weiteren Ausbauten etwa in Schlesien, auch um Thüringen:
„... neue FHQu-Unterkunft im Raume Mitteldeutschland, Thüringen und Harz. Es ist ein Führerentscheid herbeizuführen, ob in diesem Raum eine neue FHQu-Unterkunft zu errichten ist."[3]

In diesem Dokument taucht zum erstenmal Thüringen als möglicher Standort eines neuen Führerhauptquartiers auf. Am 9. März 1945 ergeht eine von General Wilhelm Burgdorf unterzeichnete Information an alle Dienststellen. Darin heißt es: „Auf Befehl des Führers hat Reichsführer-SS im Raume Ohrdruf den Ausbau einer neuen Unterkunft FHQu übernommen. Mit der Durchführung ist SS-Gruppenführer Kammler beauftragt worden."
Hier wird also der Raum Ohrdruf als Standort angegeben. In einem von Generaloberst Guderian unterzeichneten Schreiben des Generalstabs des Heeres wird auf den Befehl Nr. 71/45 vom 12.2.1945 bezug genom-

men, der die Verlegung des OKH (Oberkommando des Heeres, Anm. d. Autors) in den Raum „Olga" anordnete. In dem mit dem 26.2.1945 datierten Schreiben heißt es: „In Fortsetzung der Maßnahmen o. a. Befehls wird Masse Staffel A in den Raum >OLGA< am 27.2.45 beginnend verlegt ...Vorbereitungen für Mot-Marsch für Gesamt HQu OKH durch Gen. Insp. d. Pz. Tr. laufen aus ... Gen. Qu. regelt Betriebsstoffversorgung für Verlegung und Durchführung der Entladeaufgaben im Raum >OLGA<...".[4]

Laut diesen (und auch anderen zugänglichen) Aufzeichnungen steht also zweierlei fest:

1. Es sollte ein FHQu „im Raum Ohrdruf" gebaut werden. Die Verlegung des Hauptquartiers nach „Olga" war geplant und wohl teilweise auch schon angelaufen.
2. Den Ausbau dieses FHQu übernahm in verantwortlicher Position Kammler, obwohl dieser zu jener Zeit aber eigentlich gar nicht für solche Aufgaben, sondern vielmehr für den Aufbau der V-Waffen-Produktion zuständig war. Möglicherweise wurde seine Person in dieses Projekt involviert, weil er als außergewöhnlich zuverlässig und verschwiegen galt. Sein Name taucht bei zahlreichen der Geheimhaltung unterliegenden Sondervorhaben der SS auf, was die Priorität von „Olga" zusätzlich dokumentiert.

An unterirdischen Objekten sind im Bereich Ohrdruf - Arnstadt u. a. folgende bekannt:

□ Stollen im Jonastal sowie ein sehr kurzer, etwa

8 m langer Stollen;

- „Amt 10“ nahe den Kasernen auf dem Truppenübungsplatz;
- Das begonnene und angeblich aufgegebene Objekt am Eulenberg;
- Unterirdische Anlagen (wahrscheinlich sowjetischer Bauart) etwa 1000 m Luftlinie von den Stollen entfernt.

Abbildung 1: Teil der sowjetischen Anlagen

Die Jonastal-Stollen und das Plateau

Für all diejenigen Leser, die sich bisher noch kein Bild von der Jonastalanlage machen konnten, folgt an dieser Stelle eine genauere Beschreibung:
Die Anlage gliedert sich in vier verschiedene Objekte; Stollen 1 - 12, 13 - 15, 16 - 20 und Stollen 21 - 25, im folgenden als Objekt (O) 1 - 4 bezeichnet. Der längste bisher bekannte Stollen ist Nr. 14. Er verläuft etwa 240 m tief in den Berg und verzweigt am Ende ungefähr 6 m nach links und rechts. Bei Nr. 13 handelt es sich nach G. Remdt[5] um einen 1944 eingebrochenen Stollen, von dem nichts weiter bekannt ist.
Die Stollen 1 - 5 haben keine Verbindung zueinander; bei 6 - 12 ist dies allerdings der Fall. Nr. 14 und 15 sind wieder verbindungslose Gänge. O 3 ist ebenso wie O 4 klar als einzeln konzipierte Anlage erkennbar. Obwohl die Russen nach Kriegsende die Stollen mit etlichen Tonnen Dynamit sprengten (die Wucht kann man heute noch am abgesprengten Hang sehen, es fehlen mindestens 20 Meter), sind alle Stollen begehbar, ausgerechnet bis auf das interessanteste Objekt 4.
Rechts von Nr. 25 (etwa 200 m entfernt, auf gleicher Höhe) ist ein begonnener Stollen zu sehen (Ausmaße rechteckig, etwa 3 x 3 m). 50 m links und etwa 15 m unter dem Plateau oberhalb von Nr. 1 existiert noch ein Stollen, er geht ca. 8 m weit in den Berg. Dieser Gang stellt die erste Merkwürdigkeit dar. Die normale Annahme wäre, daß der Eingang „vorn" geplant war. Nur führt keinerlei Weg zu diesem Stollen (er liegt am Schräghang), was keinen Sinn macht, da jeder der an-

Abbildung 2: Der Bereich der Stollen 1 - 12 heute. Nur einige unbewachsene Stellen der Muschelkalkhänge erinnern an die vor mehr als einem halben Jahrhundert stattgefundenen Ereignisse

Abbildung 3: Für den unbedarften Beobachter erscheint der Bereich der Stollen 16 - 20 heute eher als aufgegebener Steinbruch

deren 25 z. B. mit dem Auto erreichbar gewesen wäre. Auch die Stelle, an der mit dem Vortrieb begonnen wurde, ist logisch kaum zu begründen, denn sie befindet sich an einem sehr schrägen Hang, so daß keinesfalls (wie bei den anderen Stollen) der Abraum mit Waggons hätte entfernt werden können.
Es werden zwei Theorien vertreten: Die erste besagt, es handele sich um eine Flakstellung, somit sei der Gang als Munitionsbunker bzw. Unterstand anzusehen. Dem kann ich nicht zustimmen. Um die Flak effektiv einsetzen zu können, müßte auf dem Plateau eine Stellung dafür angelegt worden sein, dann aber hätte man jede Granate und jede Munitionskiste 15 m den steilen Hang hinauftragen müssen. Derart unlogisch hat man solcherlei Stellungen damals nicht gebaut. Auch sind keinerlei Spuren eines Splitterschutzwalles oder einer Stellung überhaupt in der Umgebung oberhalb des Stollens zu finden. Und daß eine Flak im Hang aufgestellt wurde, ist kaum vorstellbar.
Die zweite These ist genauso wenig nachvollziehbar wie die erste, wenn davon ausgegangen wird, daß dieser Gang zwar begonnen, nicht aber beendet worden sei. Sieht man sich die Stelle an, wird man diese Annahme sicher ebenfalls verneinen. Es bestand keinerlei Möglichkeit, Material in rationeller Form dorthin zu bringen. Dies muß der Architekt allerdings bei seinen Planungen schon zu Beginn der Arbeit gesehen und gewußt haben. Wenn er trotzdem hier einen Stollen vortreiben ließ, muß es dafür wohl einen besonderen Grund gegeben haben.
Auch die Pläne, die von einem Arnstädter Architekten

1945 nach Kriegsende im Auftrag der Sowjets gefertigt wurden, sind dafür, daß sie von einem Fachmann stammen, sehr ungenau. So sind die erwähnten angefangenen Stollen A und B überhaupt nicht eingetragen. Remdt[5] hat in den sechziger Jahren eine Begehung des Geländes unternommen, und dabei zufällig einen weiteren, nicht eingetragenen Stollen entdeckt. Dieser befand sich rechts von Nr. 12. Remdt folgte dem Stollen etwa 20 m in den Berg, dann wurde eine weitere Begehung zu gefährlich, da (von den Sprengungen gelöste?) Felstrümmer von der Decke zu stürzen drohten.
Später war dieses Gebiet nicht mehr begehbar, da es zum Truppenübungsplatz gehört. Verständlicherweise hatten weder die Sowjets, noch die NVA (Nationale Volksarmee der DDR, Anm. d. Autors) etwas für Leute übrig, die in einem Sperrgebiet irgendwelche Nachforschungen unternahmen.
Laut einer anderen Zeugin, Cläre Werner, hat die DDR-Regierung kurz vor der politischen Wende den Eingang dieses Stollens sprengen lassen.

Warum also zeichnet ein Architekt ungenaue Pläne? Die Russen hatten die Umgebung sicher sehr genau untersucht, es wäre ihnen also aufgefallen, daß die Skizze nicht mit den Gegebenheiten übereinstimmt. Oder war genau das beabsichtigt?
Bei einer unserer Begehungen sagten uns Einwohner von Bittstädt, die Baustelle sei damals (Ende 1944) von einem Zaun umgeben gewesen, welcher das Plateau nach Norden hin abtrennte. Außerdem waren in re-

gelmäßigen Abständen MG-Stellungen angelegt worden. Von den MG-Stellungen fanden wir keine Spuren, allerdings sind auf den Feldern, die etwas nördlich des Plateaus beginnen, einige Gehölzinseln zu sehen, die wir nicht näher untersuchten. Es könnte sich durchaus um die Reste von Stellungen, die zur Bewachung der Baustelle dienten, handeln.

Sind auch die Führerhauptquartiere untereinander sehr verschieden, eines haben alle gemeinsam: Sie waren immer von einem dichten Sperrgürtel aus Mannschaftsunterständen, Flak- und Scheinwerferbatterien usw. umgeben. In der näheren Umgebung der Stollen aber ist nichts davon zu erkennen. In diesem Zusammenhang ist auch kaum anzunehmen, daß eventuell Vorhandenes gründlich von den Amerikanern oder Russen entfernt oder zerstört wurde. Bei den anderen von uns untersuchten Führerhauptquartieren ließen sich diese Sperrgürtel ohne Schwierigkeiten nachweisen.
Nun sind die Stollen zwar bombensicher angelegt, ein völliger Verzicht auf Flakschutz ist dennoch nicht anzunehmen. Die einzige Flakstellung, die wir bisher ausfindig gemacht haben, befindet sich aber bei Crawinkel (Friedrich-Anfang).
Auf dem Plateau selbst finden sich keinerlei Spuren von einer Bebauung, wenn man von einigen wenigen Betontrümmern etwas oberhalb von Stollen 15 absieht. Allerdings ist das Gelände völlig unübersichtlich, überwachsene Erdhaufen wechseln sich ab mit metertiefen Mulden und Löchern, so daß es uns unmöglich war zu entscheiden, was aus dem Kriege stammt und was spä-

ter entstand. Ebenso ist es bei der Vielzahl der Erdhaufen und anderer Reste so gut wie ausgeschlossen, einen potentiellen, getarnten Eingang zu finden. Daß es diesen bzw. vielleicht sogar mehrere davon gibt, ist aus mehreren Gründen nicht zweifelhaft. So hat ein amerikanisches Schatzsucherteam vor einigen Jahren auf dem Plateau Messungen mit einem Protonenmagnetometer vorgenommen und in „einigen Metern Tiefe" große Mengen Eisen geortet, die auf armierte Betonflächen hindeuten. Läßt sich ein Protonenmagnetometer eventuell noch auf erzhaltigem Boden täuschen, wird dies auf Muschelkalk wohl sicherlich nicht geschehen. Im übrigen wird die Richtigkeit dieser Messungen auch von Zeitzeugen bestätigt.
Fred Wander, ehemals Häftling, erinnert sich in seinem Buch „Der siebte Brunnen" daran, daß „überall auf den Bergkuppen entlang des Jonastales" senkrechte Stollen vorgetrieben wurden. Waren es Luftstollen?
Eine in dieser Hinsicht interessante Andeutung macht auch der Elektromonteur Edmund Möller aus Gehren-Jesuborn: „... 1944 erhielt ich den Auftrag, im Jonastal zu arbeiten. Der SS-Führungsstab hatte darauf gedrungen, daß die hier begonnenen Arbeiten schneller vorangetrieben würden. Ich bin auf die Baustelle II gekommen, die am weitesten fortgeschritten war. Unsere Baracke stand oben auf dem Kamm der Felsen."[6]
Diese Aussage stellt eine Verbindung mit einer anderen dar, die da lautet: „... haben wir die Stollen über Treppen nach unten erreicht...".[7]
Das klingt auch vollkommen logisch, denn es scheint kaum vorstellbar, daß jedesmal ein Ab- und Aufmarsch

über den steilen Hang erfolgen sollte.
Und wozu überhaupt Baracken ***oben*** auf dem Kamm der Felsen? Doch wohl nur, wenn dort ***auch*** gebaut wurde. Der Zeitzeuge sagte weiter, die Arbeiter hätten keinerlei Kontakt zu den Häftlingen gehabt. Letzteres wäre aber bei einem Betreten der bekannten Stollen von „vorn" überhaupt nicht zu verhindern gewesen. (Allerdings, und dies ist weit wahrscheinlicher, hat dieser Zeuge wohl gar nicht die „Jonastalstollen" gemeint, sondern ein ganz anderes, getrenntes Objekt. Dazu jedoch später mehr.)

Zuguterletzt sollte bedacht werden, daß alle FHQu und größeren Bunkeranlagen mindestens einen Notausgang hatten. Folgt man dieser Tatsache und interpretiert die Jonastalanlage als FHQu, dann muß man feststellen, daß insbesondere die Stollen 16 - 20 und 21 - 25 stark gefährdet gewesen sind, ein oder zwei Treffer vor die Eingänge hätten die Falle zuschnappen lassen... Sollte solch ein überlebenswichtiger Punkt wie die Notausgänge wirklich übersehen worden sein? Wohl kaum. Dieses Argument wird häufig mit der Bemerkung weggewischt, die Anlage sei ja auch noch nicht fertig gewesen. Dem stehen nun aber eine ganze Reihe von anderslautenden Berichten gegenüber:
„... Große Teile der Stollensysteme waren bereits gekachelt und mit Fliesen ausgelegt ... Ich kann nur so viel sagen, daß das Objekt unmittelbar vor der Einweihung gestanden haben muß."
Oder K. W. aus Arnstadt (Remdt, der ihn zitiert, hat seinen vollen Namen nicht genannt):

„... Ich war damals im Jonastal dienstverpflichtet und mußte zusammen mit anderen von der Firma Elektro-Beyer, Erfurt, Elektroleitungen auf den Baustellen eins und zwei verlegen. Dabei kamen wir in die Stollen. Die Gänge waren bereits mit hellen Kacheln verkleidet."[8]
Frau Traute Schleichardt war mit dem Sägewerksbesitzer bekannt, welcher das Holz für die Baustelle lieferte. Dieser wurde eines Tages von einem der Architekten ins Jonastal mitgenommen, „... um zu sehen, was aus seinem Holz gemacht werde". Als er, wieder zurückgekehrt, mit Frau Schleichardt sprach, „schwelgte er in seinen Schilderungen von dem in jeder Hinsicht kaum vorstellbaren Luxus: Teppiche, Möbel, alles vom Feinsten, Parkettfußböden, Teppiche und Gemälde an den Wänden".[9]
Aber: Fakt ist, daß in den Stollen 1 - 20 keinerlei Spuren vorhanden sind, die auch nur ansatzweise auf die oben angegebene Ausstattung schließen lassen. Zwar sind die Stollen 16 - 20 teilweise schon betoniert, jedoch finden sich keinerlei Anhaltspunkte, daß ehemals Kacheln oder eine Vertäfelung angebracht waren. Selbst wenn man annimmt, die Rote Armee oder die Amerikaner hätten - soweit möglich - alles vorhandene entfernt und mitgenommen, so müßten wenigstens noch Spuren einer Demontage existieren. Doch das tun sie nicht. So bleibt nur die Vermutung, die „luxuriöse Ausstattung" bezog sich auf die Stollen 21 - 25, eben jenen, bis heute verschlossenen Bereich. Aber auch dann taucht ein Widerspruch auf: Frau Werner und Frau Schleichardt sprechen beide in ihren Aussagen von Parkett oder sogar Teppichen an den Wänden; Herr Herms

und Herr K. W. erwähnen helle Kacheln an den Wänden und geflieste Abschnitte. Schon hier wird deutlich, daß es getrennte, bisher noch nicht (wieder-) entdeckte Systeme oder Stollen geben muß.
Und, wie weiter oben bereits erwähnt, waren die Stollen 21 - 25 wirklich bezugsfertig, so müssen Notausgänge vorhanden gewesen sein. Doch bisher sind diese nicht bekannt bzw. identifiziert worden.

Verschleierung - durchgehend bis zum heutigen Tag

Wie im vorhergehenden Abschnitt erwähnt, liegt bisher nicht näher zu bezeichnenden Kreisen viel daran, die Wahrheit zu verfälschen oder erst gar nicht bekannt werden zu lassen. Bestes Beispiel ist da etwa die Fernsehdokumentation „Das letzte Führerhauptquartier. Was fand die US-Armee 1945?", welche 1992 im ZDF ausgestrahlt wurde.
So gut wie jeder, der diese sah, ist der Auffassung, es handele sich hierbei um eine deutsche Produktion. Weit gefehlt allerdings, denn dieser Film wurde im Auftrag der 89th Division Society unter dem Titel „THE RUNNING COMMENTARIES: THE FUHRERS LAST HEADQUARTERS" mit der Nummer 6471/0773 in amerikanischem Auftrag produziert.
Muß diese Tatsache noch nicht verwundern, so wird man allerdings stutzig, wenn man feststellt, daß sich in der deutschen Version „Lücken" befinden. Und dies ausgerechnet bei wichtigen Aussagen, so etwa bei der von Frau Cläre Werner, die als eine der wichtigsten Zeitzeugen in bezug auf die damaligen Ereignisse gilt. Nach mir vorliegenden US-Schnittprotokollen wurden allein bei dieser, in der deutschen Version etwa nur noch 18,4 Sekunden langen Aussage, gegenüber dem Original einfach 33 Sekunden herausgeschnitten.
Selbst die Übersetzung wirft Fragen auf. Die in der deutschen Version gebrauchte Formulierung „... Das amerikanische Schatzsucherteam will jenen Vermutungen auf den Grund gehen..." heißt im Original „...Das amerikanische Schatzsucherteam will ***beweisen***..." - ein

kleiner, aber feiner Unterschied.
Oder: „Anfang Oktober begleiten wir die professionellen Schatzsucher bei der Erkundung des zugänglichen Teils der unterirdischen Anlage. Sie wollen feststellen, welcher technische und finanzielle Aufwand nötig ist, um die ursprünglichen Ausmaße des Stollensystems bestimmen zu können. Die Amerikaner wollen jenen Vermutungen auf den Grund gehen, wonach die SS hier Kunstguttransporte eingelagert hat, und die Zugänge zu den fertiggestellten Bereichen vor Verlassen der Baustelle verschlossen hat. Vermutungen, denen auch ihre Landsleute vor 47 Jahren nachgegangen sein dürften..." Diese Passage lautet im Original „Anfang Oktober begleiteten wir die professionellen Schatzsucher in den zugänglichen Bereich der unterirdischen Anlage. Sie wollen feststellen, welcher technische und finanzielle Aufwand nötig ist, um die Ausmaße des Stollensystems bestimmen zu können. Die Amerikaner wollen herausfinden, wo die SS ihre Kunstguttransporte versteckt hat, und sich die Eingänge zum fertigen Teil des Systems befinden. Sie haben die selben Vermutungen, wie sie ihre Landsleute vor 47 Jahren hatten..."
Sicher, auch hier nur kleinere Unterschiede. Aber: Im Original wird deutlich, daß die Amerikaner eben nicht nach ***Vermutungen*** jagen, sondern ***wissen***, daß sich dort Geheimnisvolles verbirgt. Sind diese Unterschiede vielleicht purer Zufall? Nun, Fitzke, einer der Autoren der Dokumentation, ist freier Mitarbeiter, und wird für ausgestrahlte Sendungen bezahlt. Keine Frage, daß er für eine Dokumentation, die zeigt, wie er das langgesuchte

FHQu findet, von jedem Sender viel Geld verlangen kann. Wird deshalb der Eindruck erweckt, im Jonastal sei nichts merkwürdiges?

Die Stollen waren fertig!

Es führen also insgesamt 25 Stollen in den Berg. Bei einigen wurde festgestellt, daß sie wahrscheinlich „künstlich verbrochen", also gesprengt wurden.
Das deckt sich mit dem, was der bereits erwähnte Herr K. W. außerdem noch sagte:
„Der weiteste mir bekannte Vortrieb in das Innere des Berges betrug neunhundert Meter. Vermutlich hat die SS kurz vor dem Einmarsch der Amerikaner im Innern des Berges die wichtigsten Gänge zugesprengt."[10]
Eine weitere Aussage eines anderen Zeitzeugen bekräftigt dies. Der ehemalige KZ-Häftling Georg Link aus Arnstadt gab folgendes zu Protokoll:
„Ende März erfuhr ich von Mithäftlingen (Link war für den Abtransport der Leichen aus dem Jonastal eingesetzt), daß die SS begann, im Berg bestimmte fortgeschrittene Stollensysteme zu sprengen. Nach Darstellung der Kameraden und wie später aus den Zeugenaussagen bei den Vernehmungen in Buchenwald hervorging, müssen die Stollen sehr tief in den Berg gegangen sein. Eines weiß ich genau: In den Stollen wurde von der SS gesprengt, bevor die Amerikaner kamen. Die Amis haben sich um rein gar nichts gekümmert. Vielleicht waren sie auch zu feige, wegen Verminung und so. Und die Russen? Ich weiß nicht, vielleicht fehlten denen die Informationen."[11]
Der ebenfalls schon erwähnte Edmund Möller erinnerte sich: „Bei meinen Arbeiten in den Stollen sah ich große Stahltüren, die ständig geschlossen gehalten wurden. Auch wir als Elektriker sind hier nicht reingekom-

men."
Karl Zehnel aus Ichtershausen geht noch weiter:
„Es steht fest, daß die Stollen nahezu fertig waren. Es wird immer viel erzählt, aber wir, die wir dort gearbeitet haben, müssen es ja schließlich am besten wissen ... Ich selbst habe Parkettfußboden verladen und in die Stollen gefahren. In den letzten acht Tagen, bevor die Amerikaner kamen, waren die unterirdischen Konferenzräume, Befehlsstände und große Hallen fertig."[12]

Wo befinden sich all diese Örtlichkeiten? Große Hallen, Befehlstände und „sehr tief" in den Berg gehende Stollen wurden (bisher) nicht gefunden, geschweige denn Hinweise auf einen gar 900 m langen Vortrieb. Daß diese Systeme vorhanden sein müssen, ist gar keine Frage bei so vielen, unabhängigen Aussagen, die sich gleichen. Warum hat sich eigentlich noch niemand die Mühe gemacht, nachzurechnen, ob die vorhandenen, bekannten Stollen der Arbeitsleistung von 20 000 Häftlingen entsprechen?
Allein die Anzahl der abkommandierten Häftlinge läßt erahnen, daß dieses Projekt eine der höchsten Dringlichkeitsstufen überhaupt gehabt haben muß. In den überlieferten Berichten und Protokollen heißt es zu S III, daß es über allen Rüstungsangelegenheiten und dem Geilenberg-Programm rangiere. Vom „Notprogramm des Führers" ist die Rede, und es heißt auch: „Mit Rücksicht auf die Geheimhaltung des Bauvorhabens kann keine Dringlichkeitsstufe allgemein mitgeteilt werden... Für die Beschaffung von Engpaßmaterial

und Geräten usw. kann die Z 1 Stufe 4 9000 gegeben werden."[13]

Bei Osterode z.B. sollte in den letzten Kriegsmonaten im Rahmen des Geilenberg-Programms noch ein bombensicheres Hydrierwerk entstehen. Bis Kriegsende (bei einer Baudauer von etwa 3 Monaten also) waren hier Stollen mit einer Gesamtlänge von rund 3 km in den Fels getrieben und eine Nutzungsfläche von etwa 20 000 m^2 geschaffen worden. In einem Lager wurden am 25. November 1944 etwa 100, am 15. Februar 1945 etwa 800 Häftlinge gezählt. In dem anderen Lager bezifferte man die Zahl der Häftlinge auf 282. Somit haben also etwa 1200 Häftlinge in wenigen Monaten einen Stollenvortrieb von 3 km geleistet.
Im Jonastal wurden die Häftlinge aufs äußerste angetrieben und mußten ohne Rücksicht auf Verluste in Dreierschichten arbeiten.[14] Zudem waren hier ganz erheblich mehr Arbeitskräfte im Einsatz. Doch der erreichte Gesamtstollenvortrieb in einem Zeitraum von einem halben Jahr entsprach nach offizieller Lesart nur genau dem von Osterode, und das, obwohl man die doppelte Zeit zur Verfügung hatte...
Zählt man nun noch die Tatsache hinzu, daß von den bisher bekannten Stollen nur ein Bruchteil wenigstens teilweise fertiggestellt worden ist, so drängt sich die Frage auf, an was denn nun eigentlich gebaut wurde? Sollte das Geheimnis tatsächlich in dem rechten, seit 1945 nicht wieder geöffneten Objekt liegen? Ist vielleicht der Stollen 12, der teilweise verbrochen wurde, der Dreh- und Angelpunkt? Oder gibt es gar bisher

unbekannte, völlig autarke Anlagen?
Von verschiedenen Seiten, etwa der Bundeswehr und dem Bundesvermögensamt, aber auch dem Ministerium für Staatssicherheit (Stasi) der Ex-DDR wurden und werden die Jonastalstollen als geplante Produktionsstätten beschrieben.
Die Stollen 15 - 25 sind bei genauer Betrachtung sicherlich überhaupt nicht zu solch einer vermuteten Fertigung geeignet. Von der Anlage her sind sie auch noch am ehesten mit einem FHQu vergleichbar. Wenn schon, dann hätte eine Produktion wohl nur die Stollen 1 - 12 oder Nr. 14 belegen können. Doch fast alle anderen bekannten, nachgewiesenen Produktionsstätten hatten andere Ausmaße.
Im Verlaufe der Recherchen kam ein Kontakt mit einem ehemaligen Major der NVA zustande, der peripher mit dem Jonastal zu tun hatte. Er sagte aus:
„Persönlich hatte ich mit dem Jonastal nichts zu tun. Soweit ich weiß, wurde in den Achtzigern dort intensiv nach dem Bernsteinzimmer gesucht. So etwa in der Umgebung von Ohrdruf und Luisenthal. Ja, sogar Suchbohrungen fanden statt, es wurden damals erhebliche Geldmittel aufgewendet. NVA und Stasi suchten damals auch nach Stolleneingängen von alten Bergwerken, von denen zwar bekannt war, daß sie existierten, ihre genaue Lage aber nicht. Meines Wissens nach wurden sie nicht gefunden. Soweit mir bekannt ist, sollte im Jonastal eine V2-Produktion und ein FHQu hinkommen.“[15]
Wie auch immer, V-Waffen-Schmiede, FHQu oder sonstiges....wo befanden sie sich?

Das Bernsteinzimmer

In den Achtzigern fand im Jonastal eine regelrechte Hatz statt, und zwar auf das legendäre Bernsteinzimmer. Bekannt ist, daß die Stasi allerlei Leute befragte. Weniger bekannt ist hingegen, daß im Jonastal nicht nur „konventionell" gesucht wurde, sondern auch Bohrungen in Angriff genommen worden sind, um Hohlräume zu erschließen. Eine relativ teure Bohrung wird man aber doch wohl nur dann in Angriff nehmen, wenn man wenigstens über einen ***einigermaßen schlüssigen Verdacht*** verfügt.
Letztmalig taucht das Bernsteinzimmer in Schloß Reinhardsbrunn bei Friedrichroda auf, seither gilt es als verschollen. Das Hauptindiz für eine Deponierung der Bernsteintafeln in den oder im Umfeld der Stollen sind Notizen, die Rudolf Wyst in der Kartentasche seines kurz vorher verstorbenen Vaters fand. Zwölf Jahre später rekonstruierte er die Notizen so:
„Voraussichtlich gilt für Königsberg bald Unternehmen Grün. Deshalb haben Sie die Aktion Bernsteinzimmer durchzuführen und es in das Ihnen bekannte BSCH zu bringen... Nach Ausführung der Operation sind Zugänge zu tarnen und Gebäude zu sprengen."[16]
Die betreffende Tasche hatte sich in einem Sack im Keller der elterlichen Wohnung befunden. Der Vater, SS-Sturmbannführer Gustav Wyst, war ein Intimus von Ostpreußens Gauleiter Erich Koch gewesen. Rudolf Wyst erinnerte sich noch an weitere Papiere, deren Inhalt etwa lautete:
„An Transportführer. 30 Kisten Bernsteintafeln und Ki-

sten der Bernsteinsammlung laut Befehl des RSHA übergeben." Und: „An Reichssicherheitshauptamt. Befehl ausgeführt. Aktion Bernsteinzimmer beendet. Zugänge befehlsgemäß getarnt. Sprengung erfolgt. Opfer durch Feindtätigkeit. Melde mich zurück."[17]

Diese von Wyst jun. aus der Erinnerung wiedergegebenen Informationen hatte dieser erstmals 1959 der Zeitschrift „Freie Welt" übermittelt. Wyst behauptete weiter, die Papiere 1947 verbrannt zu haben. Die Zeitschrift vermittelte ihn an den KGB, der den jungen Mann nach Kaliningrad holte, wo er seine Aussagen schließlich auch zu Protokoll gab. Dabei entstand der lange unbeachtet gebliebene Fehler mit dem „BSCH", wie G. Remdt in seinem Buch „Rätsel Jonastal" aufzeigen konnte:
„Wyst jun. hatte damals von B III gesprochen. Die in das Russische übersetzten Aussagen wurden abgetippt, wobei die Schreibkraft gewohnheitsmäßig für die römische Zahl III den kyrillischen Buchstaben LU (SCH) benutzte. So kam es bei der Rückübersetzung ins Deutsche zu BSCH.
Die Version, daß auf dem von Rudolf Wyst gefundenen Papier nicht B III, sondern S III gestanden haben könnte, hatte viel für sich. >Zugänge befehlsgemäß getarnt<, hieß es da, und >Sprengung erfolgt<. Gerade das aber hatte sich im Jonastal ereignet, bevor sich die Verteidiger am 11. April 1945 zurückzogen. Hinzu kamen noch andere Umstände, die Wyst jun. 1959 dem KGB mitgeteilt hatte. ... Zudem gehörte der SS-Sturmbannführer dem Postschutz an, so daß seine Anwesen-

heit in Ohrdruf beziehungsweise Arnstadt, wo sich ja die militärisch genutzten Fernmeldezentralen >Amt 10< und >Amt 8< befanden, durchaus erklärlich wäre. Und wo hätte er seine Meldungen in den Wirren des Zusammenbruchs zuverlässiger absetzen können, als in Ohrdruf oder Arnstadt? Auf diese Zusammenhänge hin angesprochen, sagte Rudolf Wyst, er halte es durchaus für möglich, daß auf dem Papier nicht B III, sondern S III gestanden habe. Das um so mehr, als der Code auf den halbvermoderten und schwer entzifferbaren Seiten nur ein einziges Mal vorgekommen sei."[17]

Ob nun neue Hinweise oder der eklatante Mangel an Devisen in den achtziger Jahren die neue Jagd der DDR-Regierung nach dem Bernsteinzimmer (oder Kunstgutdepots überhaupt) einläuteten, sei dahingestellt. Jedenfalls hat die Stasi etwa Bergwerksstollen in der Nähe von Luisenthal durchsucht, allerdings nichts gefunden. Allemal ist ein Kunstgutdepot sicherer in einem mittelalterlichen Bergwerk, von dem kaum jemand weiß, als in einer Stollenanlage, der man ansieht, daß gewisse Gänge zugesprengt wurden, aufgehoben. (Gerade zu diesen Bergwerken geht das Gerücht, daß nach Kriegsende einige Leute hineingingen, von diesen aber etliche nicht wieder hinaus).
Als Studienrat Böttcher beispielsweise gegenüber der SS von den „ausgedehnten Manganerzstollen in der Nähe von Ohrdruf" sprach, gaben die Offiziere zu verstehen, diese seien bekannt. Es müßte sich um dieselben Stollen handeln, die die Stasi suchte. Sie befinden sich bei Luisenthal, sind bisher aber unerforscht. Auch

hier sind einige Eingänge künstlich verbrochen worden. Es gibt mit Sicherheit noch eine Unzahl von möglichen Deponierungsorten. Frau Werner sagte in dem erwähnten Gespräch auch, man habe SS-Archive in einer Höhle oder in einem Stollen untergebracht.
Doch diese Geschichten sollen nur der Vollständigkeit halber erwähnt sein und stellen nicht das Hauptthema dieses Buches dar. Letzteres sind vielmehr jene noch nicht (wieder-) gefundenen unterirdischen Objekte und ihre mögliche Bedeutung.

„Riese"

Der Vergleich mit „Riese"

Besonders gut kann man sich ein Bild von „Olga" machen, wenn man sich das „Schwesterobjekt" in Schlesien ansieht, wobei es sich um ein bzw. mehrere unterirdische(s) Objekt(e) handelt, die unter der Code-Bezeichnung „Riese" zusammengefaßt wurden.
Baubeginn für „Riese" war das Frühjahr 1944. Wie bei „Olga", so existieren auch bei dieser Untergrund-Installation keinerlei Planungsunterlagen. Angeblich handelte es sich ebenfalls um ein Führerhauptquartier, doch auch V-Waffen-Fabriken sind im Gespräch. Wie man sehen wird, ähneln sich beide Anlagen so stark, daß direkte Vergleiche möglich sein sollten.
Bis heute sind dort 6 verschiedene Stollenanlagen bekannt geworden, die sich auf ein Gelände mit einer Fläche von etwa 30 km^2 verteilen. Eine weitere Anlage existiert etwa 25 km entfernt unter dem Schloß Fürstenstein. Die einzelnen Objekte befinden sich in unterschiedlichen Ausbaustadien, keines war jedoch zu Kriegsende fertiggestellt. Bei einigen finden sich Betongebäude an der Oberfläche - wahrscheinlich Kasinos oder Unterkünfte. Diese sind durch senkrechte Schächte, vermutlich für Fahrstühle, mit den Stollen verbunden.
Bei ausführlicher Begehung und genauer Betrachtung des Geländes finden sich noch Reste von Tarnmaßnahmen, wie etwa Tarnnetze in den Bäumen und künst-

lich angelegte Waldflächen.
Nach der Aufgabe der Baustelle im Frühjahr 1945 wurden, wie bei „Olga", Teilbereiche der Stollen versprengt und Zufahrten zur Baustelle getarnt. So etwa wurde die zwischen Dörnhau und Wüstegiersdorf abzweigende Straße mit Ackerboden bedeckt und Gras eingesät.
In einem Schreiben über den Baufortschritt September 1944 berichtete Rüstungsminister Speer:
„ ... und für die Bunkeranlage >Riese< bei Bad Charlottenbrunn (wurden) 150 Mill. Reichsmark verbraucht. Für dieses Bauvorhaben wurden 257 000 cbm Stahlbeton, 213 000 cbm Stollenbau, 58 km Straßenbau mit sechs Brücken und 100 km Rohrverlegung benötigt."[18]

Bis jetzt sind erst 45 % des von Speer angegebenen Bauvolumens wiedergefunden worden. Darüber hinaus muß noch in Betracht gezogen werden, daß der Bericht den Baufortschritt bis September 1944 beschreibt, man aber bis zum Frühjahr 1945 weiterbaute. Mithin ist die Annahme, erst etwa ein Drittel der Anlagen sei bekannt, sicher nicht als utopisch zu betrachten.
Die Angaben über die Häftlingszahlen schwanken, wie bei „Olga", sehr stark, eine Schätzung von zehn- bis fünfzehntausend Häftlingen erscheint aber realistisch. Cybulski[19] gibt eine Mindestzahl von 13 300 Häftlingen an, die von Mai 1944 bis Frühjahr 1945 „Riese" durchlaufen haben.
Ein erster direkter Vergleich: Nach dem CCP[20] befanden sich am 12. Januar 1945 immerhin 11 700 Häftlinge im Ohrdrufer Camp! Demzufolge sind auch in der Häftlingsbelegung beide Bauvorhaben durchaus mit-

einander vergleichbar.
Im folgenden möchte ich dem Leser eine Kurzbeschreibung der Anlagen von „Riese“ präsentieren:

Dorfbach:
Hierbei handelt es sich um eine kleine Anlage mit einer Fläche von 2500 m^2 und einer Gesamtlänge der bisher erforschten Stollen von 500 m. Drei Eingangsstollen, von denen zwei mit Wachräumen und Eingangsverteidigung versehen sind, führen zu zwei größeren Querstollen, die die Arbeitsräume aufnehmen sollten. Etwa 15 % dieses Komplexes sind betoniert.

Jauernig:
Diese Anlage befindet sich wahrscheinlich in einem Anfangsstadium. Eine Aufnahme aus dem Jahre 1954 zeigt die beiden Stollen als Rohbau. Vier andere waren offensichtlich eingestürzt und nicht zugänglich. Zwei Eingangsstollen führen zu zwei Querstollen. Eine Verlängerung scheint geplant gewesen zu sein. In der Nähe befinden sich Spuren von Eingängen zu vier weiteren Stollen, vorgetriebene Blindstollen weisen darauf hin. Die gesamte Länge beträgt 500 m und die Fläche erstreckt sich auf 1500 m^2.

Wolfsberg:
Dieser größte Komplex ist im Rohbau nahezu fertig geworden. Vier Eingänge mit Wachräumen und Eingangsverteidigungen führen zu vier Querstollen, die jeweils untereinander rasterförmig verbunden sind. Mit der Betonierung wurde bereits begonnen. Die Län-

ge der Stollen beträgt 3000 m und die Fläche 8700 m^2. In einem der Nebenstollen befindet sich ein Schacht zur Oberfläche, der möglicherweise später einen Fahrstuhl aufnehmen sollte.

Säuferhöhen:
Diese etwas ungewöhnliche Anlage weist zwei Eingänge auf, deren Eingangsverteidigung bereits mit Panzerplatten und Maschinengewehröffnungen versehen ist. Zwei Längsstollen, von denen einer eine Länge von 350 m aufweist und blind endet, geben Rätsel über ihre Bedeutung auf. Ein dritter Stollen im Rohzustand befindet sich auf einem tieferen Niveau. Vier Querstollen, wieder miteinander verbunden, waren als Arbeits- und Unterkunftsräume vorgesehen. Ein 48 m hoher Fahrstuhlschacht mit sechs Meter Durchmesser führt zu Gebäuden an der Oberfläche.
Ein kleiner Teil ist bereits betoniert. Die Grundfläche beträgt 6200 m^2, die gesamte Stollenlänge 1700 m. Auf der Oberfläche über dem Stollensystem befinden sich mehrere betonierte Gebäude, von denen zwei im heutigen polnischen Sprachgebrauch als „Kasino" und „Kraftwerk" bezeichnet werden.
Das sogenannte „Kraftwerk" ist rätselhaft. Der oberirdische Teil dieses Bauwerkes scheint noch nicht begonnen worden zu sein. Treppen führen zu unterirdischen Schächten, tönerne Röhren ragen an die Oberfläche, Kabelgänge sind sichtbar, ebenso Anlagen für Versorgungseinrichtungen. Möglicherweise sollte dieses Bauwerk als Heizungs- und Be- bzw. Entlüftungsanlage des Bunkersystems dienen.

Ramenberg:
Eine Anlage im Anfangsstadium mit drei vorgesehenen Eingängen, von denen einer unzugänglich ist. Auf der Oberfläche war bereits mit dem Bau von Betongebäuden begonnen worden. Die bisher bekannte Fläche beträgt 1800 m^2 und die gesamte Länge 700 m.

Falkenberg:
Dieses Projekt ähnelt den bereits beschriebenen und befindet sich ebenfalls im Anfangsstadium. Vier Eingänge führen in das System. Zwei Hauptstollen sind mit zwei Querstollen verbunden. Zwei weitere befinden sich auf tieferem Niveau und sind unzugänglich. Die Gesamtlänge beläuft sich auf 750 m, während die Fläche einen Bereich von 2100 m^2 einnimmt.

Fürstenstein:
Das Stollensystem unter dem Schloß stellt eine Besonderheit dar. Glücklicherweise existieren zeitgenössische Berichte über dieses Bauvorhaben. Diesen zufolge wurde Ende 1943 das Schloß als Ausweichstelle des Reichsbahnpräsidenten von Breslau genutzt. 1944 bezog die Organisation Todt (OT) mit etwa 1000 Mann das Schloß und begann mit umfangreichen Umbauten. Im Schloßhof wurde mit den Ausschachtungsarbeiten für einen 50 m tiefen Fahrstuhlschacht begonnen, der zu umfangreichen Stollenanlagen in die Tiefe führen sollte.
Gleichzeitig begann der Umbau der Innenräume zu Suiten und Appartements. Die gesamte Einrichtung von Schloß Bellevue in Berlin war bereits nach Bad Salzbrunn verlagert, um die neugeschaffenen Räume

entsprechend auszustatten.
In einer der Suiten, die angeblich Hitler bewohnen sollte, wurde ein Fahrstuhl eingebaut, der sicherstellte, daß man ungehindert in das Stollensystem gelangen konnte. Die Zahl der Arbeiter und Häftlinge stieg auf etwa 3000 Personen an.
Ein eigens für die Umbauten eingerichtetes Baubüro beschäftigte 35 Architekten. Von der Terrasse aus wurde ein weiterer Zugangsschacht, der mit einem Wachraum mit MG gesichert war, zu den Aufzügen vorgetrieben. Ein geplantes Treppenhaus sollte diesen Zugangschacht zusätzlich mit dem Schloß verbinden. Unter dem Schloßhof befindet sich das eigentliche Stollensystem, das über vier Eingänge verfügte und nach der Mitteilung eines OT-Bauleiters für das OKW (Oberkommando der Wehrmacht, Anm. d. Autors) vorgesehen war. Diese Anlage ist fertig betoniert und nahezu bezugsfertig. Die gesamte Länge des Stollensystems beträgt 950 m bei einer Fläche von 3200 m^2.
Nach einem geheimen Bericht über den Stand der Führerhauptquartiere von Mitte 1944 sollte die Anlage Fürstenstein im Dezember des genannten Jahres bezugsfertig sein. Der Einbau einer großen Fernsprechzentrale war, diesem Bericht zufolge, vorgesehen.

Ich möchte an dieser Stelle gar nicht genauer auf die unübersehbaren Gemeinsamkeiten mit „Olga“ (etwa, wie später zu sehen sein wird, jenes mysteriöse „Kraftwerk”) eingehen, sondern einzig die Arbeitsleistungen vergleichen.
Bei den beschriebenen 6 Anlagen wurden insgesamt

etwa (bisher nachgewiesene) 8100 m Stollenvortrieb geleistet. Nach Speer's Bericht, und den anschließend noch weitergeführten Bauarbeiten, dürfte dies etwa einem Drittel der tatsächlich vorhandenen Stollen entsprechen. Ergo wären reale 24 km Stollenvortrieb geleistet worden. Diese wurden in etwa der doppelten Zeit gebaut, wie sie „Olga" zur Verfügung stand; mithin ergibt dies umgerechnet folgendes Bild: Bei vergleichbarer Anzahl der Häftlinge müßten bei „Olga" 12 km Stollenvortrieb zu finden sein. Dies stellt allerdings nur die Mindestangabe dar, weil beim Bauvorhaben „Riese" u. a. wesentlich mehr zusätzliche Baumaßnahmen betrieben wurden.

RIESE		OLGA	
oberirdische Anlagen	sehr viele	oberirdische Anlagen	fast keine
Straßen	58 km	Straßen	fast keine
Brücken	6	Brücken	1
Bearbeitetes Gestein	Fels	Bearbeitetes Gestein	Kalkstein

Nach Aussage eines Bergbauingenieurs ist die Vortriebsgeschwindigkeit in Kalkstein mindestens doppelt so hoch wie bei Arbeiten in Granit.

Selbst wenn nun die anderen aufgeführten Aspekte wie

fehlende oberirdische Bauten oder Straßenbau (die bei „Riese" sicherlich einen Großteil der Arbeitskräfte gebunden haben), weggelassen werden, so gelangt man am Ende auf die sagenhafte Zahl von 24 km Stollenvortrieb! Rechnet man hingegen die bisher bekannten Stollenlängen von „Olga" großzügig zusammen, so ergibt sich eine Gesamtlänge von nur 3 km!
Freilich beweist dieser Zahlenvergleich nicht, daß sich bei „Olga" bisher unbekannte, kilometerlange Stollen unter der Erde befinden müssen. Er läßt allerdings jeden mit der Materie befaßten Forscher stutzig werden. Wesentlich präziser wäre eine Berechnung des Rauminhaltes in Kubikmeter, welche hier aber aus einem einfachen Grund unterlassen wurde: Es ist ausgesprochen schwierig, sich unter einer Kubikmeter-Angabe räumlich etwas vorzustellen, viel einfacher ist dies bei einer reinen Längenangabe. Viele Häftlings- und andere Zeugenaussagen berichten ja von „großen Hallen", wenn der Durchschnittsstollenquerschnitt (etwa 3 bis 5 Meter) überschritten wird, verringert sich natürlich automatisch die für „Olga" berechnete Zahl der Vortriebskilometer.
Das alles zeigt, wie schwierig eine einigermaßen verläßliche Berechnung ist. Es wird aber auch deutlich, daß die vorgefundenen Stollen mit ihren 3000 Metern Gesamtlänge unmöglich alles sein können, was mindestens 12 000 Häftlinge in Dreierschichten innerhalb eines halben Jahres geleistet haben.
In der polnischen Zeitung „Slowo Polskie" erschien im Zeitraum vom 27. Oktober bis 3. November 1947 eine Artikelserie über eine Begehung von „Riese". Beim

Lesen der nun folgenden Zeilen sei bedacht: Der Artikel ist 50 Jahre alt und die Wortwahl sicher nicht mehr zeitgemäß; die Beschreibungen sind aber so plastisch, daß man sich ein sehr gutes Bild der Anlage machen kann.

Eine unterirdische Stadt in Gluszyca. Prominenz des Nazi-Regimes wollte dort Unterschlupf suchen

In der nahen Stadt Gluszyca befindet sich ein Gebäudekomplex, über den verschiedene Geschichten im Umlauf sind. Ein Teil dieser Gebäude diente noch vor drei Jahren als Baracken für eine große Menge politischer Häftlinge, die hier unter Peitschen der SS-Leute am Bau eines der Hauptquartiere Hitlers arbeiteten. Haufen Ziegel, Sand, Hunderte von verschiedenartigen Maschinen, Kränen und Waggons der Schmalspurbahn zeugen am besten von der ungeheuren Größe des vorgesehenen Baues.

Es soll hier eine riesengroße unterirdische Stadt entstanden sein. Die Bauarbeiten begannen 1944. Einer der Zeugen – Planer des Bauprojektes dieser ungewöhnlichen Stadt – Ing. Dolmuss, wohnt zur Zeit in Gluszyca. Er ist im Ministerium für den Wiederaufbau tätig, das von hier enorme Mengen von Baustoffen nimmt. Ing. Dolmuss ist von österreichischer Abstammung. Im Krieg lebte er in Frankreich, von wo er nach Gluszyca abberufen wurde. Von ihm erfahren wir sensationelle Einzelheiten, die den Berg betreffen, in dem sich die unterirdische Stadt befindet, die mit allerlei modernsten technischen Anlagen ausgestattet ist.
Diese Stadt kann man aus vier verschiedenen Richtungen

erreichen: von Gluszyca, Modrzewek, Chalupy und Walim aus. Aus der Richtung Modrzewek - wie Ing. Dolmuss erklärt - soll sich der Eingang in das Hauptquartier Hitlers, aus der Richtung Chalupy der Eingang für Goebbels und seinen Stab, aus der Richtung Walim der Eingang zum Stab der Wehrmacht befunden haben.
Allein die Streuung der Eingänge ermöglicht die Vorstellung der ungeheuren Größe der unterirdischen Stadt. Bisher wurde sie noch nicht ausreichend untersucht. Die Einwohner von Gluszyca unternehmen die Suche nach den dort angeblich versteckten Schätzen, aber bei ihren Wanderungen gelingt es ihnen lediglich den Haupttunnel zu erreichen.
Die Seitengänge hat bisher noch niemand untersucht. Potentielle Schatzsucher werden durch gefährliche Bunker mit Maschinengewehrnestern und durch Gerüchte über die angebliche Verminung der Durchgänge abgeschreckt. Von Gluszyca aus besteht angeblich eine Verbindung zum Schloß Ksiaz. Wie es heißt, sei auch dort ein Bunker für Hitler in die Felsfundamente gebaut worden.
Das Rätsel der unterirdischen Stadt in Gluszyca soll möglichst schnell aufgelöst werden, so lange die Zeugen und Erbauer dieses gigantischen Bunkers noch leben. Vielleicht lassen sich dort noch manche Beiträge zur Geschichte des II. Weltkrieges finden.
Unweit von Walbrzych, in Richtung Klodzko, liegt der dreitausend Einwohner zählende Ort Gluszyca. Der Krieg hat diesen Ort nur gestreift, seine Barockgebäude, sowie die kleine, im gleichen Stil erbaute Kirche wurden vom Krieg unbeschädigt gelassen. Aber gerade diese kleine ruhige Stadt haben die Naziführer im abgelaufenen Krieg für eine wich-

tige Rolle vorgesehen. Einer der in der Nähe der Stadt gelegenen Berge, der einen Teil der Kette des Eulengebirges bildet, soll als Sitz des Führungsstabes gedient haben. Dies geschah Ende 1943, als die Rote Armee vor den Großen Bögen stand. Ostpreußen, wo sich Hitlers Hauptquartier befand, sollte bald zum Kampfgebiet werden. Deswegen wurde beschlossen, das Hauptquartier des Führers nach Niederschlesien zu verlegen, in die vom alten Fritz so geliebte Umgebung von Gluszyca.

Ende des frostigen Dezember 1943 wurde hier eine große Menschenmenge weißer Sklaven zusammengetrieben, die die Besatzungsgebiete in so großem Maße lieferten - und es wurde angefangen, das neue Babylon zu bauen. 30 Tausend ungarische Juden arbeiteten am Bau von Wegen, die die Zufahrt zum Hügel ermöglicht haben sollen, in dem sich das Gehirn des Dritten Reiches befunden haben soll. Hier arbeiteten auch Polen, Russen, italienische Mineure und Ukrainer. Insgesamt waren über 50 Tausend Leute am gigantischen Bau beschäftigt, der hier entstanden sein soll.

Niemand wußte selbstverständlich, welchem Zweck die riesengroßen Bunker und die endlosen, die Berghänge kreuz und quer durchschneidenden Tunnel gedient haben sollen. Hunderte von Ingenieuren, die die Arbeiten leiteten, hatten auch keine Ahnung, was eigentlich gebaut wurde. Jeder von ihnen war nur ein Rädchen in der großen Maschine und hatte einen genau festgelegten Aufgabenbereich; es war dabei für jeden gefährlich, die Grenzen seines Aufgabenbereich zu überschreiten. So arbeiteten die Einen am Bau eines neuen Bahnhofes, die Anderen an den Plänen für die Wege und wieder andere an der Pumpstation, deren Behälter 40 Tau-

send Kubikmeter Wasser fassen kann. Die gesamten Arbeiten wurden von Berlin überwacht. Viele Geheimnisse, die die unterirdische Stadt betreffen, kannte der beeidigte Bauoberregierungsrat Ing. Mayer, der seinen ständigen Wohnsitz in Jedlina-Zdroj, ehemals Bad Charlottenbrunn, hatte.

Auf die vernommenen Einzelheiten neugierig, beschließen wir, unter der Leitung des Ing. Dolmuss, der einer der Erbauer der unterirdischen Stadt und zugleich auch Fachmann für die modernen V-1 und V-2 Waffen ist (Ing. Dolmuss war am Bau der Raketenabschußrampen zwischen Cherbourg und Cane beteiligt), die ober- und unterirdischen Bauten der unvollendeten Stadt zu besichtigen, die eine so wichtige Rolle im vergangenen Krieg gespielt haben soll, obwohl man sie umsonst auf einer Landkarte suchen würde.

Vom historischen Restaurant „Zum Hirschen", in dem Friedrich der Große gern eingekehrt sein soll, und das in der ersten Hälfte des XVIII. Jahrhundert erbaut wurde, fahren wir einen Feldweg in Richtung Nowa Ruda. Schon einen Kilometer weiter sieht man beiderseits des Weges die Spuren des begonnenen Baues. Hier liegen viele für Betonbauten angefertigte Eisenkonstruktionen, Dutzende von Schmalspurbahnwagen, irgendeine abgestellte Lokomotive herum. Auch ein riesengroßer Platz mit einer nicht fertiggestellten Betonbrücke fällt auf. Das Netz von Eisenbahnschienen mit fertiggestellten Stellwerken zeugt davon, daß sich hier ein Bahnhof der unterirdischen Stadt befunden haben muß. Die Arbeiten am Ausbau des Bahnhofs wurden durch das Ende des Krieges unterbrochen, das rettete aber nicht die 18 Tausend Kriegsgefangenen und Häftlinge, die hier ihr großes Massengrab gefunden haben. Ing. Dolmuss behauptet, daß 13 Tausend von ihnen hier umgekommen seien, und schiebt die ganze Schuld dafür auf die Verpflegungsverwalter, die die kleinen Lebensmittelrationen, die von Berlin eingeräumt wurden, rücksichtslos noch verminderten.

Zum Allerseelentag zünden die Einwohner von Gluszyca hunderte von Lichtern auf dem Massengrab des Nazismus an, um das Andenken der namenlosen Armee der Gefallenen zu ehren.
Neben verrosteten Schienen (der Bahnhof ist stillgelegt) weidet das Vieh von Ansiedlern, die hierher von jenseits des Flusses Bug übergesiedelt sind. Zwischen den Stellwerken, die die Züge von Hitler, von Admiral Raeder, von Göring, Goebbels und vom Stab der Wehrmacht gelenkt haben sollen, spielen Dorfkinder... den Krieg.

Auf der linken Seite des Weges erhebt sich ein steiler Berghang, mit Mischwald bewachsen. In diesem Abhang befindet sich der Eingang zum unterirdischen Sitz Hitlers. Ein sehr guter Weg steigt empor und führt direkt in den Wald. Vor drei Jahren ist dieser Weg noch nicht vorhanden gewesen. Er wurde von ungarischen Juden gebaut, ebenso wie viele andere Wege, die die hiesigen Berghänge durchschneiden.
Nach fünf Minuten Fahrt, in denen wir an den sich ständig überschneidenden Schienen der Schmalspurbahn und an Reihen von primitiv zusammengeschlagenen Baracken für Kriegsgefangene vorbeigefahren waren, halten wir vor einem riesengroßen Platz. Der Berghang fällt zu diesem Platz fast senkrecht ab. Riesengroße Felssteine über dem Platz sehen so aus, als ob sie jeden Augenblick mit einem Getöse herunterrollen könnten. Der ausgedehnte Platz ist mit Hau-

fen von verschiedenartigen Steinen bedeckt, zwischen denen silbern glänzende Steine mit hohem Glimmergehalt auffallen. Sie zeugen davon, daß die hiesige Erde an Bodenschätzen reich ist. Am Fuße des senkrechten Berghangs, auf dem Nadelbäume rauschen, befindet sich der drei Meter hohe Eingang zum Hauptquartier Hitlers...

Unser Korrespondent beschloß, die geheimnisvolle unterirdische Stadt in Gluszyca zu besichtigen. Zusammen mit seinem Führer, Ing. Dolmuss – einer der Befehlsausführenden des Stabes des Dritten Reiches und zugleich der Erbauer des Verschiebebahnhofes in Gluszyca -, erreichte er den Eingang, der zum Hauptquartier Hitlers führt. Schon beim Eingang sind eiserne, in den Fels eingeschlagene Keile sichtbar. Wie uns Ing. Dolmuss erklärt, sollte hier eine Sprengladung angelegt werden, die das Geheimnis der endlosen Gänge und der düsteren Säle der unterirdischen Stadt begraben hätte. Gewaltige Eichenpfähle, die die Decken stützen, scheinen solide zu sein. Das System des Unterfangens der Gänge gleicht dem System, das in Kohlenbergwerken angewandt wird – mit dem Unterschied, daß man die hiesigen Gänge später mit Beton zu befestigen beabsichtigte, so wie es mit dem Sitz Görings gemacht wurde, der sich auch in der unterirdischen Stadt befand. Während wir uns in die Tiefe des Ganges fortbewegen, wird es immer dunkler; das kleine Rechteck des Lichtes hinter uns wird immer unscheinbarer. Dieser Gang, von dem erste Seitengänge abzweigen, in denen sich Säle und Räume des Stabes Hitlers befanden, ist 3 km lang. Wir wissen nicht mehr, wie lange wir schon gehen. Das Rechteck des Lichtes ist schon seit langem hinter uns verschwunden und nur das schwache Flämmchen der Karbidlampe hellt noch die Dunkelheit auf.

Der Gang fällt plötzlich ab und biegt unerwartet nach rechts ab. An den Hauptgang stößt ein kleiner Tunnel. Ing. Dolmuss führt uns in den Tunnel hinein, und ungefähr 200 Meter weiter treten wir in einen großen Saal. Es soll angeblich der Sitzungssaal gewesen sein. Wenn die Beleuchtung in diesem Saal installiert wäre, wenn er mit Zentralheizung geheizt wäre und wenn er eine elegantere Möblierung hätte, würde er sicher ganz anders aussehen. Jetzt herrscht hier Stille, Kälte und Dunkelheit.

Vom Sitzungsraum zweigen drei Gänge ab. Ohne einen Führer könnte man sich hier leicht verlaufen. Ing. Dolmuss empfiehlt uns die Besichtigung eines Ganges, in dem vor 14 Tagen sechs feine Dieselmotoren gefunden wurden.
Die umfangreichen Gänge der unterirdischen Stadt, voller Stille und Kälte, halten wahrscheinlich noch manche Geheimnisse in ihrem Inneren verborgen. Während der letzten Monate des Bestehens des Dritten Reiches war nämlich das Chaos kennzeichnend. Es wurde unter anderem beschlossen, im Labyrinth der Gänge der unterirdischen Stadt eine große Menge Maschinen zu verbergen, um sie zum passenden Zeitpunkt in die Luft zu sprengen. Im letzten Moment wurde der Befehl zurückgenommen, es wurde damals beschlossen, die Maschinen doch zu retten. Auf drei Bahnhöfen in Gluszyca wurden täglich 70 Eisenbahnwaggons voller Maschinen verschiedenster Art beladen.[21] Man vermochte jedoch nicht, alles auszufahren, viele Maschinen sind an ihrem Platz geblieben. Viele davon fanden schon ihre Anwendung in Polen - ein Teil (so wie diese sechs Dieselmotoren, die erst in den letzten Tagen gefunden wurden) wartet

noch auf seinen Entdecker.

Wir sind tief ins Labyrinth der Gänge eingedrungen. In der Zwischenzeit war, wie es sich erwies, das Bewetterungssystem in den Gängen zerstört worden, der Luftmangel macht nicht nur uns das Atmen schwierig, sondern löscht auch das Flämmchen unserer Karbidlampe und plötzlich sind wir von undurchdringlicher Dunkelheit umgeben...

Mangels elektrischer Scheinwerfer sind wir gezwungen, uns aus diesem Teil des unterirdischen Baues zurückzuziehen. Indem wir uns an den Händen halten, gehen wir in Richtung Ausgang - wie uns Ing. Dolmuss versichert. Uns kommt es so vor, als gingen wir immer tiefer in den Untergrund und nicht in Richtung Ausgang. Die wieder angezündete Karbidlampe beleuchtet schwach die Felsen, die in diesem Teil des Ganges nicht abgestützt sind. Der Gang ist ziemlich breit. Es läßt sich aber nur in der Mitte des Ganges gehen; am Rand ist die Decke zu niedrig. Ungleich ist der Grad der Vollendung der einzelnen Tunnelabschnitte. In einem der Gänge bleiben wir an einer eisernen Tür stehen. Sie schützt den Zutritt zum Nebengang, der zu Hitlers Privatzimmern geführt haben soll. Wir versuchen die eiserne Tür zu heben - sie bewegt sich überhaupt nicht. Dolmuss sagt, dies sei eine Sisyphusarbeit - aber wenn wir glaubten, dort befänden sich Schätze, dann wäre er bereit, uns dorthin von einem anderen Ende des Ganges zu führen.

Ehrlich gesagt haben wir das alles schon satt und geben auf, den Gang weiter zu besichtigen. Dolmuss behauptet, in den unterirdischen Gängen hätten ausschließlich freiwillige Arbeiter - Juden, denen dafür Extrarationen an Lebensmitteln zugeteilt worden seien - und italienische Mineure gearbeitet. Die Arbeit soll schwer und gefährlich gewesen sein. Tausende von Menschen sollen unter herabgestürzten Felsmassen umgekommen sein – deswegen habe es nicht viele Freiwillige gegeben. Skeptisch vernehmen wir die Worte von Dolmuss – wir wissen doch, auf welche Weise die Deutschen die „Freiwilligen" geworben haben. Es interessiert uns in diesem Augenblick nur die Tatsache, ob Ing. Dolmuss dies aus böser Absicht oder – als Vertreter der Wissenschaft – unbewußt sagt.

Wirklich erleichtert gehen wir in das Tageslicht hinaus. Die schwache Oktobersonne blendet uns nach der Dunkelheit der Gänge. Wir fahren weiter. Nachdem wir einige leichte Serpentinen gefahren sind, finden wir einen anderen Eingang in das Innere der Erde, der dem ersten Eingang ähnlich ist. Der soll ausschließlich Hitler zur Verfügung gestanden haben. Wir brauchen hier nicht hinunterzugehen. Jetzt interessieren uns die Lager für Baustoffe, große Bunker, Stapel eiserner Konstruktionen, Betonmischmaschinen, Bagger, gewaltige Bahnquerbauten - und halb fertiggestellte Arbeiten beim Bau von Büroräumen. Unweit des Berggipfels hat sich ein Siedler aus Buczaz niedergelassen. Seine Kinder schauen interessiert auf das Auto, wir sind für sie die ersten Gäste aus der zivilisierten Welt seit vielen Monaten.

Im Dickicht des merkwürdig gelben Grases verlaufen Stahlstäbe parallel zu den Fichten zum Gipfel. Es stehen hier eine unzählige Menge an Stahlstäben. Sie wachsen wie Bäume vom Betonfundament der Bunker, die auf dem Hügelgipfel erbaut wurden. Darunter befindet sich ein Eintritt, zu dem

ein schmaler Steg führt. Das Dach sollte mit Erde bedeckt werden, um darauf Bäume zu pflanzen. Im Bereich der Bauarbeiten ist jeder Baum mit hölzernen Beschlägen vor Verletzungen geschützt worden. Das Innere des Bunkers ist nicht fertiggestellt. Es sollen hier Büroräume für den Stab von Hitler gebaut worden sein.
Einige Meter darunter befinden sich die Schienen einer Schmalspurbahn. Die in Reihen stehenden Baracken werden morsch, da sie nicht gepflegt werden. Ebenso verderben hier enorme Mengen an Zement. An diesem Platz sind auch noch 10 Millionen Papiersäcke Zement zu je 50 kg geblieben. Diese Zahl zeugt am besten von dem enormen Umfang des geplanten Baues. Das ist aber noch nicht alles. Wir erfahren, daß schon 100 Waggons zu je 15 Tonnen Zement von hier weggeschafft worden seien. Der Zement, der hier übriggeblieben ist, ist schon zum großen Teil verdorben, weil die Dächer der Baracken zerstört sind und es seitdem auf den Zement geregnet hat. Ing. Dolmuss könnte zu diesem Thema noch vieles sagen, aber aus unbekannten Gründen enthält er sich der Erklärungen...
Tausende versteinerte Zementsäcke reagieren nicht auf die Schläge einer zufällig gefundenen Spitzhacke, es läßt sich nur bis zur oberen Schicht der Säcke vordringen. Liegt darunter vielleicht Zement, der noch brauchbar wäre? Das Gelände erweckt den Anschein, als wenn es von menschlicher Hand nie berührt worden wäre. Hinter uns lassen wir einen Wald aus Stahlstäben. Obwohl es Herbst ist, ist das Gras hoch und man weiß nicht, was möglicherweise darin verborgen ist.
Das Herumgehen auf diesem Gelände ist nicht ohne ein gewisses Risiko, deswegen fühlen wir uns unbehaglich. Die

Weichen der Bahn sind so verwachsen, daß sie sich nur schwer aufdecken lassen. Während wir den Hang herabsteigen, stoßen wir ohne Unterlaß auf Schienen, die in regelmäßigen Abständen, wie Treppenstufen, angelegt wurden.
Vor uns befindet sich ein unfertiges Gebäude. Es ist schwer zu erkennen, welchem Zweck es gedient haben soll. Ein Teil von Gerüsten ist eingestürzt und bedeckt ein großes, mit Beton befestigtes Loch. Dolmuss erklärt, hier sei ein Aufzug gewesen. Ein 100 Meter tiefer Schacht soll schon fertig gewesen sein. Man hatte schon begonnen, eine Umbauung für den Aufzug zu errichten, aber die schnelle Annäherung sowjetischer Truppen verhinderte die Vollendung der Bauarbeiten.
Auf dem Areal des Berges gibt es mehrere derartige Öffnungen. Mit den Aufzügen soll man bis zu dem Niveau hinuntergefahren sein, auf dem sich die Büros befunden haben sollen. Etwas weiter erhebt sich ein ziemlich großer Haufen von aufgefahrenem Schotter: 40 000 Kubikmeter!
Eine Kleinigkeit... Direkt dahinter befinden sich Mauerzüge, teilweise verglast – Hitlers Orangerien! Der Herbstwind fegt jetzt darüber. So ist die deutsche Pedanterie – in solchen Zeiten die luxuriösen Orangerien mit höchstem Krafteinsatz von Tausenden Menschen zu bauen. Bei solchen Terrainverhältnissen wie hier war das überdies heller Wahnsinn.

Dünne Drähte mit darauf angereihten Kunstblättern tarnen hervorragend den auf der Erde liegenden Eisenbeton. Auf dem Gelände, das wir besichtigen und das sich auf der Länge von fast 30 km erstreckt, sind 200 Tonnen Armierungseisen vorhanden. Das Eisen, das wir sehen, ist nur ein Teil der Baustoffe, die zum Bau der unterirdischen Stadt nötig waren, dem Bau, der „Adolfs Aktion" genannt wurde. 300 Tonnen Eisen fanden schon ihre richtige Anwendung. Das Material wurde nämlich nach Warszawa transportiert. Wir hoffen, daß auch die übriggebliebenen 200 Tonnen richtig angewendet werden.

Jeder Schritt bringt uns neue Entdeckungen. Bahnquerbauten, an denen wir gerade vorbeigehen, sind 17 Meter lang, 4,50 m hoch und 3 m breit, wiegen 3,5 Tonnen; sie könnten beim Bau von Brücken in vielen Orten in Niederschlesien, sowie im ganzen Land nützen. Zur Zeit liegen sie ungenützt und werden hier wahrscheinlich auch noch im Winter um die Wende der Jahre 1947-1948 liegen, wenn sich weiter niemand dafür interessieren wird.

In der Zwischenzeit wollen wir den unterirdischen Bau weiter besichtigen. Welch interessante Dinge befinden sich noch darin? Die Oktobersonne neigt sich sanft der tschechischen Grenze zu, die 6 km von hier entfernt ist. Ein kalter, böiger Wind drängt zur Rückkehr, es gab aber doch noch viel zu sehen. Vor uns befindet sich ein flaches, mit Gras bewachsenes Feld. Es wäre für einen Flugplatz sehr gut geeignet. Dolmuss, nach dieser Sache gefragt, schweigt am Anfang, später gibt er ungern zu, daß hier tatsächlich ein kleiner Feldflugplatz gewesen sein soll. Hier seien Sonderboten (mit denen er, wie er sofort betont, nichts zu tun gehabt habe) mit Instruktionen aus Berlin gelandet. Auf Abhängen des Hügels, unweit vom Gipfel, sehen wir noch zwei Eingänge, die dem schon entdeckten Eingang zum Quartier Hitlers ähnlich sind.
Es erweist sich schließlich, daß zu den Apartments des Füh-

rers des Dritten Reiches zwei unterirdische und drei Eingänge von der Bergoberfläche führten, von wo aus man in speziellen Aufzügen heruntergefahren werden mußte. Zweieinhalb Jahre nach der Einstellung der Bauarbeiten ist es schwierig, diese zu erkennen. Die Eingänge vom Berggipfel sind mit Brettern zugedeckt. Die Sonne neigt sich immer mehr dem Westen zu. Es ist schwierig, während eines Tages alles zu sehen und zu untersuchen. Wir sind uns bewußt, daß das, was wir bisher besichtigt haben, nur einen sehr geringen Teil des unterirdischen Riesen bildet.

Wir beschließen aber noch den Sitz des Marschalls des Dritten Reichs - Göring - zu besuchen. Dorthin führen Serpentinenwege, die die Berghänge umgeben. Hitlers Sitz ist von Görings „Residenz" 5 km entfernt. Der Weg führt durch den Wald, in dem man ab und zu zerstörte Baracken erblickt. Dies sind keine Standardbaracken, wie die in den Konzentrationslagern. Jede von ihnen hat ihren eigenen Stil. Sofort kann man z.B. die Baracken erkennen, in denen italienische Mineure gewohnt haben.
Im selben Augenblick taucht vor uns aus dem Dickicht des Waldes ein schwarzes, aus Brettern zusammengeschlagenes Gebäude auf, auf dessen Hintergrund sich ein grün-weißes Kreuz abhebt. Ein Krankenhaus. Es unterscheidet sich in nichts von den anderen Baracken, mit dem einzigen Unterschied vielleicht, daß hier in den tragischen Kriegsjahren mehr Leute als anderswo aus dem Leben geschieden sind.

Bald sind wir schon in einem der größten Sitze der unterirdischen Stadt - im ehemaligen Sitz Görings. Zu dem Sitz führen vier Eingänge, die in den Felsen am Fuß des Berges getrieben worden sind, zudem weitere sechs Eingänge an der Bergoberfläche. Mit dem Sitz Hitlers ist dieser Bereich durch einen unterirdischen Gang verbunden. In den Barakken auf dem Flügel lagen noch im vergangenen Jahr fertiggestellte Zentralheizungssysteme – von hier aus wurden sie nach Jelenia Gora abtransportiert. Ferner befinden sich noch zweitausend Waggons Ziegel, die noch vor dem Winter irgendwohin, beispielsweise in die nahe zerstörte Stadt Wroclaw abtransportiert werden sollen. Es wäre sinnvoll, sich auch um die 30 hier befindlichen Bagger zu kümmern.

Eine unterirdische Atomstadt? Unten erkennt man Bahnschienen, die in Form von schönen Serpentinen emporsteigen, über die aus großen Querbalken primitiv gebaute Brükken geschlagen sind. Es ist inzwischen schon spät geworden, aber Ing. Dolmuss überredet uns noch zur Besichtigung des interessantesten Teiles des unterirdischen Objektes, und zwar des Sitzes des Propagandachefs - Goebbels. Dieser Sitz – der kleinste von allen – ist deswegen so interessant, da er schon zu 70 Prozent vollendet ist. Er befindet sich zwischen Walim und Gorki. Um diesen Sitz zu erreichen, muß man wegen des Gebirgscharakters des Terrains mindestens 20 Wegminuten zurücklegen.

In der Zwischenzeit wird Ing. Dolmuss langsam redsam und fängt an, sehr interessante Geschichten über ehemalige Einwohner von Gluszyca zu erzählen. Unter ihnen liefen ähnliche Versionen über die angeblich im Eulengebirge gebaute unterirdische Atomstadt um...

Obwohl die Deutschen in den letzten Kriegsjahren aufgrund von Mißerfolgen an der Front entmutigt waren, verloren sie trotzdem nicht den Glauben an den endgültigen Sieg. Es entstand unter ihnen ein neuer Mythos über eine neue Waffe, mit der der „Führer" den Feind hatte überraschen und vernichten wollen. Man sprach im allgemeinen von bakteriologischen und Atom-Waffen. Die Einwohner von Gluszyca sahen die schnell fortschreitenden Bauarbeiten an der gigantischen unterirdischen Stadt und flüsterten über den Bau von „Atomwerken", die hier errichtet werden sollten.

Die Stadt Gluszyca besteht aus drei Stadtteilen, die durch eine Landstraße miteinander verbunden sind, die von Walbrzych in Richtung Klodzko läuft. Es gibt also Gluszyca Gorna, Gluszyca Srodkowa und Gluszyca Dolna. Auf den beiden Seiten der Landstraße liegen große Baumwollindustriebetriebe, die im Krieg die meisten Einwohner der drei Teile der Stadt Gluszyca beschäftigt haben. Das Leben dieser Leute spielte sich zwischen der Arbeit in der Fabrik, dem Zuhause, dem lokalen Jägerclub und dem Buch „Mein Kampf" ab. Mit den anfänglichen Erfolgen wuchs der Hochmut der „demütigen Jäger" aus Gluszyca. Anfang 1943 jedoch traf der Blitz aus heiterem Himmel die damaligen Bürger von Gluszyca. Die großen Baumwollindustriebetriebe – die Grundlage ihrer Existenz – wurden der Firma Krupp übergeben. 50 000 Spindeln mußten eingestellt werden. Die Bevölkerung der drei Stadtteile verlor ihre Arbeitsplätze, die Organisation der Waffenfabrik lief jedoch nicht so leicht. Die Deutschen aus Gluszyca sahen sich Hunderten verschiedenartiger Maschinen gegenübergestellt, die hier aus dem Gebiet des gesamten Dritten Reiches, hauptsächlich aber aus der Umgebung von Mauthausen zusammengezogen wurden.
Ingenieur Dolmuss weiß viel von diesen Maschinen, aber er

schweigt. Er erwähnt dagegen 70 Bahnwaggons, die Hunderte verschiedenartiger Maschinen jeden Tag hierher gebracht haben. Eines steht fest: sie waren nicht für die im Eulengebirge entstehende Stadt der Nazis nötig. Mein Gefährte stellt plötzlich die Frage: Waren die Gerüchte der Einwohner über die unterirdische Atomstadt, die hier hätte entstehen sollen, wahr?
Das rote Gesicht von Dolmuss wird teilweise blaß, er schließt die stahlblauen Augen halb. Er greift sich nervös an das Gesicht, als ob er unsere Frage von sich weisen wolle, erst nach einer Weile fängt er an zu sprechen.

„Nein, das ist nicht wahr", - er überlegt jedes Wort genau. „Die Pläne der unterirdischen Stadt habe ich im Hauptamt der Organisation Todt in Berlin gesehen, ich kann es beschwören."
Wir bezweifeln in diesem Augenblick die Glaubwürdigkeit von Dolmuss nicht, wir bezweifeln aber die Glaubwürdigkeit der Pläne der doppelten „A" – was für „Adolfs Aktion" steht. Die Pläne müssen doppelt gewesen sein - die einen für solche Leute wie Dolmuss, sie könnten das Konzept der unterirdischen Stadt für die Prominenz der Nazis dargestellt haben, um das Riesenausmaß der Bauarbeiten zu vertuschen. Die anderen für zwei oder drei vertraute Personen, die vielleicht die unterirdische Atomstadt dargestellt haben könnten.

Wir nähern uns dem ehemaligen Sitz von Goebbels. Auch hier befindet sich ein System von Sälen, Gängen und kleineren Räumen. Der Unterschied beruht nur darauf, daß die Gänge hier teilweise ausgemauert sind. In den weiteren Stockwerken des unterirdischen Baues kann man heute noch *installierte Kontakte finden. In einem der angeblichen Räume von Goebbels befand sich wahrscheinlich eine Telefonzentrale. Spezielle Abhörgeräte hätten das Licht im Falle eines Luftangriffes automatisch ausgeschaltet.*

Als Dolmuss Stromleitungen bemerkt, findet er das Thema für interessante Mitteilungen. Dieser kleine Sitz war mit 250 000 m Stromleitungen, von 60 mm bis 12 mm Umfang ausgerüstet. Ein Teil davon, wie auch große Transformatoren, wurden später im Kraftwerk in Walbrzych installiert. Dolmuss erklärt, daß nach Gluszyca ausschließlich die modernsten elektrischen Installationen gebracht worden seien, und daß er solche Anlagen früher in seinem Leben nie gesehen habe, obwohl er von Beruf Ingenieur sei. Wir fahren in die engen Straßen von Walim hinein. Hinter uns lassen wir das Eulengebirge mit seinem noch nicht gelösten Rätsel. Wir fragen Ing. Dolmuss, zu welchen Zwecken 100 Ingenieure und 50 000 Arbeiter vorgesehen waren. Er erläutert uns: Im Falle eines Atomkrieges wäre diese Anzahl von Ingenieuren und Arbeitern nur eine Kleinigkeit gewesen. Auf unsere Frage, was er über die Atomenergie wisse, antwortete er, daß er sich für Atome schon seit langem interessiere und viel von ihrer Anwendung wisse...
Plötzlich verstummt er, und wir wiederholen die Fragen nicht mehr.

Soweit der Artikel, ein eindrucksvoller Beleg für die Ausmaße der Anlage. Und auch für die unübersehbaren Ähnlichkeiten mit „Olga"... Besonders interessant sind naturgemäß die Anspielungen auf die „Atomwerke“ und die Hinweise auf die Tarnmaßnahmen, die ergriffen wurden. Diese gelangten mit großer Wahrscheinlichkeit auch bei „Olga“ zur Anwendung.

Die „fehlenden Stollen"

„Fehlen" überhaupt welche?

Mit Sicherheit - und nicht nur ein einziges System, sondern mehrere.
Ich bin schon häufiger gefragt worden, wie ich denn überhaupt darauf komme, daß die bekannten Anlagen bei weitem nicht alles sein können, zumal sich diese These nicht durch Dokumente wie Baupläne oder ähnliches beweisen läßt. Jedoch sind meines Erachtens die sekundären Beweise allein schon aussagekräftig genug.

Eine der beeindruckendsten Beschreibungen der Situation kurz nach dem Krieg stammt von Colonel Robert S. Allan. In „Lucky Forward" schildert er sein Erleben der unterirdischen Anlagen:
„Die unterirdischen Anlagen waren erstaunlich. Sie waren richtige unterirdische Städtchen. In der Umgebung von Ohrdruf gab es vier davon: Eine nahe dem Konzentrationslager, eine unter dem Schloß, und zwei westlich der Stadt. Andere wurden aus naheliegenden Orten gemeldet. Keine war in natürliche Höhlen oder Stollen gebaut. Alle waren künstliche, militärische Anlagen.
Die Arbeiter kamen aus dem KZ. Ein interessanter Aspekt der Konstruktionen war das völlige Fehlen von Stollenaushub, dieser wurde vorsichtig in Kilometerweit entfernten Hügeln verstreut.
Mehr als achtzehn Meter unter Grund, hatten die An-

lagen zwei oder drei Etagen, waren mehrere Kilometer lang und waren wie Speichen eines Rades gebaut. Die ganze Verschalung war aus massivem, mit Stahl verstärktem Beton. Der Zweck der Anlagen war das Oberkommando zu beherbergen, falls es in Berlin ausgebombt werden sollte. Die Anlagen nahe Ohrdruf sollten als Nachrichtenzentrale genutzt werden. Eine Anlage in der Nähe des KZ's war eine riesige Telefonzentrale mit den neuesten und besten Apparaten. Experten unseres Nachrichtendienstes haben die Kosten auf 10 Millionen Dollar geschätzt.
Dieses System hatte auch getäfelte Büros, eine große Anzahl Arbeits- und Lagerräume, gekachelte Badezimmer mit Badewannen und Duschen, Toiletten mit Wasserspülung, elektrisch ausgestattete Küchen, tapezierte Esszimmer und Messe-Hallen, riesige Kühlschränke, ausgedehnte Schlafquartiere, Erholungsräume, getrennte Bars für Offiziere und Soldaten, ein Kino, sowie Klimaanlage und Abwassersysteme..."
Allein die Beschreibung von „Kilometerweiten Gängen" (im Originaltext ist sogar die Rede von „several miles") zeigt auf, daß es wesentlich mehr an Stollenlänge geben muß, als bisher bekannt ist. Und es ist doch davon auszugehen, daß gerade ein Militär wie Colonel Allan in der Lage ist, Entfernungen richtig zu schätzen!?
Und die Beschreibung dieser, für die damalige Zeit luxuriösen, Ausstattung? Nie und nimmer ist dies die Einrichtung eines profanen Nachrichtenamtes, viel eher die eines Haupt- oder Führerhauptquartiers, und selbst hierhin nicht so recht passend. Die Beschreibung

ähnelt verblüffend dem, was Frau Traute Schleichhardt aussagte. Ich möchte das noch einmal ins Gedächtnis zurückrufen: Sie war mit dem Sägewerksbesitzer bekannt, welcher das Holz für die Baustelle lieferte. Dieser wurde eines Tages von einem der Architekten in das Jonastal mitgenommen, „um zu sehen, was aus seinem Holz gemacht werde". Als er, wieder zurückgekehrt, mit Frau Schleichardt sprach, „schwelgte er in seinen Schilderungen von dem in jeder Hinsicht kaum vorstellbaren Luxus: Teppiche, Möbel, alles vom Feinsten, Parkettfußböden, Teppiche und Gemälde an den Wänden".
Die Beschreibung Allans und die Aussage Frau Schleichhardts liegen Jahrzehnte auseinander, und dennoch weisen sie eine frappierende Übereinstimmung auf. Frau Schleichhardt hat sicher nichts von Allan gewußt, müßig anzunehmen, daß in der ehemaligen DDR amerikanische Literatur von 1947 im Umlauf war...
Auch Häftlingsaussagen schildern bisweilen anderes, als bisher bekannt gewesen ist. So beschreibt der Zeuge Herz Zuckermann folgendes:
„Der Arbeitsplatz war nahe beim Camp, in einem Berg, wo wir große Hallen aushöhlen mußten, um Lagerraum zu schaffen, und Fabriken unterzubringen, so als wolle man sie vor Bomben schützen."[22]
Nicht nur hier ist die Rede von großen Hallen und unterirdischen Fabriken, es sei nur an den Bericht Karl Zehnel´s über die großen Hallen und Konferenzräume weiter vorn erinnert. Die Jonastalstollen sind sicher nicht gemeint, und auch nicht das >Amt 10<. Was aber dann?

„Zu viele" Nachrichtenämter...

Herr Karl Schneider aus Arnstadt erinnert sich: „Die ganzen Bauarbeiten sind streng geheim gewesen. Zuerst sollte in den Jahren 1937/38 die Nachrichtenzentrale unterhalb des Eichfeldes gebaut werden. Als dann die Sache mit der Tschechoslowakei so schnell ging, wurde das Objekt stillgelegt und 1940 die Fernsprechzentrale im Arnstädter Schloß installiert. Von hier aus gingen zwei Kabel weg. Eines über Eisleben in Richtung Erfurt und das andere direkt ins Jonastal und nach Ohrdruf. Fernschreiber waren gleichfalls im Schloß installiert worden. Das merkten wir an den Materialien, die zum größten Teil auf dem Gelände des Hauptpostamtes gelagert wurden."[23]
Herr Herbert Schweinsberger aus Arnstadt ergänzt: „Erste Arbeiten für den Ausbau des Schloßkellers zum Nachrichtenzentrum begannen schon 1937, sie wurden aber erst später mit allem Nachdruck vorangetrieben. Die Arbeiten erfolgten unter strengster Geheimhaltung und Bewachung durch SS. Jeder von uns hatte mehrere Ausweise, die wir von Berlin erhielten. Nach Abschluß der Arbeiten wurden sie uns sofort wieder abgenommen. Anfang der vierziger Jahre war der Keller bereits fertig. In ihm waren drei Fernsprechämter untergebracht. Ferner befanden sich darin wenigstens 50 Fernschreiber."[24]
Und Herr Adolf Keiner aus Erfurt sagt: „Ich kam von Siemens zur Deutschen Post. Da ich mich schon immer für Technik interessierte, übernahm ich 1937/38 das unterirdische Einsatzamt, das unter der Bezeich-

nung >Amt 10< arbeitete, als Beauftragter der Post. In diesem Ohrdrufer Objekt war ich bis zum Kriegsende. Schon 1935/36 wurden vom Inselsberg und von den benachbarten Bergen Messungen, vor allem im Dezimeterwellenbereich, vorgenommen, um, wie es hieß, Vorbereitungen für die Einführung des Fernsehens zu treffen.

Im Jahre 1939 wurde dann auf dem Inselsberg ein Sendeturm errichtet, der unter Verfügung der Wehrmacht stand und Lang-, Mittel- und Kurzwellensender beherbergte. Auf diese Einrichtungen hatte die Post keinen Einfluß.

Analog dazu wurde 1937/38 ein gut getarntes System von Drahtverbindungen mit unterirdischen Vermittlungs- und Verstärkerämtern geschaffen. Dabei gab es natürlich auch Knotenämter, wie zum Beispiel Zossen. Diese Ämter waren faktisch für einen >Tag X< geschaffen. In Ohrdruf waren sie 1942 vollständig eingerichtet und wurden in ständiger Bereitschaft gehalten. Sie wurden aber erst in den letzten Kriegswochen im Vollauf gefahren. Sie trugen Tarnbezeichnungen, wie beispielsweise >Amt 10< in Ohrdruf, >Amt 8< in Arnstadt und so weiter. Unter den einzelnen Ämtern gab es keine reguläre dienstliche Beziehung.

Einer durfte über den anderen nichts wissen. Bemerkenswert war der technische Aufwand der Anlagen. Technisch gehörte >Amt 10< zur Reichspostdirektion, verwaltungsseitig zu Ohrdruf. Unser Objekt bestand aus mehreren unterirdischen Korridoren, die übereinander lagen und von denen Türen zu den Seitenräumen abgingen. Die Länge jedes Korridors betrug sechzig bis siebzig Meter. Am Ende befanden sich die Hochtrennungsschaltanlagen. Geheizt wurde mit Vollautomatik. Die Türen waren mit Schleusen versehen. Laufend wurden durch zentrale Messungen der Überdruck, die Luftfeuchtigkeit usw. in jedem Raum überwacht. Auch Ersatzaggregate standen zur Verfügung. So zum Beispiel ein 475 PS starker Dieselmotor von den Motorenwerken Mannheim, um die Anlagen jederzeit netzunabhängig fahren zu können. Hierfür gab es große Reservoirs an Dieselkraftstoff. Ein Brunnen, zweihundert Meter tief, war für die Wasserversorgung angelegt worden.

Die Reichspostdirektion hütete sich indessen zu sagen, wofür das >Amt 10< bestimmt war. Natürlich konnte man sich das an den zehn Fingern abzählen, nur gesprochen werden durfte darüber nicht. Die zur Verfügung stehenden Geräte waren von ausgezeichneter Qualität. Wir konnten sofort mit Königsberg telegrafieren und telefonieren. Wechselstromtelegrafie, Lorenzsender, alles war vorhanden. Ebenso waren völlig autonome Kabelsysteme gezogen worden. Objekte wie das >Amt 10< gab es noch eine ganze Menge. Sie waren meist nur mit ein bis drei Mann besetzt. Welchem Zweck sie dienten, wurde geheimgehalten. Neben den erwähnten Ämtern in Ohrdruf und Arnstadt gab es Breitverstärkerämter in Hohenkirchen und Mittelhausen. Ein weiteres Amt befand sich in Benshausen bei Suhl, das vom Rennsteig her gespeist wurde und die Strecke Meiningen-Berlin-Hamburg vermittelte. Ferner gab es ein solches Amt in Erfurt, das aber im Krieg durch einen Volltreffer zerstört wurde. In all den

Jahren, in denen das >Amt 10< bestand, war es in ständiger Bereitschaft. Wenige Monate vor Kriegsende kamen dann einige hundert Frauen, sogenannte Nachrichtenhelferinnen, aus Köln.
Zuvor war auch ein Stammtrupp der Post von dort eingetroffen. Erst zu dieser Zeit lief >Amt 10< in Vollauf. Zuerst begannen die Leute ihren Dienst ziemlich gelangweilt, dann wurde der Betrieb fast nur noch nach der östlichen Seite gefahren, da ja im Westen nichts mehr zu machen war."[25]

Wie streng auf die Geheimhaltung dieser Objekte geachtet wurde, bestätigt Herr Hans Röder aus Erfurt: „Ich war bei der Firma Wülfinghoff, Heizungs- und Rohrleitungsbau, in Erfurt als Monteur beschäftigt. Während des Krieges mußte ich Heizungsanlagen auf dem Flugplatz Bindersleben und dann auch eine Ölheizung in Ohrdruf installieren. Bei dem Objekt in Ohrdruf handelte es sich um zwei unterirdische Anlagen, etwa so groß wie das Postscheckamt in Erfurt. Die unterirdischen Anlagen hatten drei Stockwerke. Bauherr war die Oberpostdirektion Berlin. Die Eingänge zu den unterirdischen Anlagen waren als Wochenendhäuser getarnt. In den Anlagen gab es große Säle, die als Schlaf- und Arbeitsräume genutzt wurden.
Wenn man in eine der Anlagen hineinkam, stand man auf jedem Treppenabsatz einem SS-Posten gegenüber, der den Ausweis genau kontrollierte. Wollten wir in die zweite Anlage, brauchten wir wieder einen anderen Ausweis. Im untersten Stockwerk gab es Rohrkanäle, die beide Anlagen miteinander verbanden.

Ich erinnere mich noch eines Erlebnisses, das zeigt, wie streng die Bewachung durch die SS war. Eines Tages kam eine Delegation von der Oberpostdirektion Berlin, die die Anlagen inspizierte. Sie wollte auch prüfen, wie die Wachbestimmungen eingehalten wurden. Zu diesem Zweck hatte man einige Ausweise der dort beschäftigten Arbeiter vertauscht. Als die nun den SS-Posten passierten und ihre Ausweise vorwiesen, meinte der, es sei alles in Ordnung und ließ sie durch. Der Posten war seitdem dort nie wieder zu sehen..."[26]

Wie anhand der Recherchen einer Reihe von Personen in bezug auf die interessanten Anlagen gewonnenen Erkenntnisse zeigen, war der Baubeginn für das Bunkeramt „Olga" im Frühjahr 1936. Der Abschluß der Arbeiten und seine „Einweihung" erfolgte in den letzten Oktobertagen des Jahres 1938. Zwei Etagen mit einer Fläche von je etwas mehr als 1300 m^2 reichten bis 20 Meter unter die Erdoberfläche. Die Ausstattung wurde als sehr modern beschrieben, denn die damalige deutsche Führung maß dem Problem der Kommunikation, insbesondere in einem anzunehmenden Kriegsfall, entscheidende Bedeutung zu. Der Zugang zu dem Bunkeramt erfolgte über streng bewachte Treppenhäuser bzw. etwa 100 m lange Stollen, in denen auch die Antennen- und Fernmeldekabel eingeführt wurden.
Gerhard Remdt und Günter Wermusch berichten, daß die Bauleitung in den Händen von Postbaurat Kaspar von der Reichspostdirektion Erfurt lag, der auch das unterirdische Nachrichtenamt „Zeppelin" (Zossen)

errichtete.[26]
Im Jahre 1938 begannen die Bauarbeiten am „Amt 8", das am Eulenberg Arnstadts gelegen war. Diese Baumaßnahme wurde allerdings kurz vor Weihnachten 1939 eingestellt, da es erhebliche Grundwasserprobleme gab. Die ausgehobene Baugrube war immerhin 70 m lang und 25 m breit. Aufgrund der unerwarteten Schwierigkeiten wurde das „Amt 8" im Arnstädter Schloß fernmeldetechnisch vervollkommnet, nach Kriegsbeginn aber nicht weiter ausgebaut. Als Ausweiche für das „Amt 8" war zudem eine weitere Anlage im Keller des Ostturmes des Gothaer Schloßes vorgesehen. Weder „Amt 10" noch „Amt 8" gelangten bis 1944 zum Einsatz. Die Situation änderte sich erst, als das Oberkommando der Wehrmacht vom Reichspostministerium die Fertigstellung des zwischen Luisenthal und Arnstadt bereits 1938 ausgelegten, aber nicht montierten Fernkabels 224 forderte, was dann schließlich auch realisiert wurde. Die Änderung des Kriegsverlaufs forderte spätestens jetzt neue Konstellationen, insbesondere unter Berücksichtigung der Tatsache, daß Thüringen zum „Schutz- und Trutzgau" ausgebaut werden sollte.

Nach den vorliegenden Zeugenaussagen und Rechercheergebnissen ergibt sich das folgende, wirklich erstaunliche Bild:
Auf dem Truppenübungsplatz entsteht bis Ende 1938 ein unterirdisches Nachrichtenamt - „Amt 10". Gleich darauf wird 1938 am Eulenberg mit dem Bau eines weiteren Systems dieser Art begonnen. Zusätzlich zu die-

sen beiden wurde schon 1937 der Ausbau des Arnstädter Schloßkellers zum Nachrichtenzentrum forciert. Nach bestätigten Aussagen wurde im Keller von Ohrdrufs Mühlburg ein weiteres Nachrichtenamt eingerichtet und als Zugabe wird das Gothaer Schloß als Ausweiche vorbereitet.
Kann ich noch nachvollziehen, daß die Anlage im Arnstädter Schloß ein Provisorium war, und die Hauptanlage, „Amt 10", 1938 einen bezugsfertigen Stand aufwies, so kann ich jedoch nicht verstehen, wieso dann im Gothaer Schloß eine Ausweiche eingerichtet wurde. Nach Umzug ins „Amt 10" hätte diese Ausweichfunktion ja auch die schon vorhandenen Anlagen im Arnstädter Schloß übernehmen können.
Vor allen Dingen aber macht der Bau eines weiteren Nachrichtenamtes am Eulenberg keinerlei Sinn, auch wenn dieses Projekt angeblich 1939 eingestellt wurde. Wie es scheint, hat es mit dieser „Eulenberg-Anlage" ohnehin eine ganz besondere Bewandtnis.
In Protokollen der Buchenwald-Prozesse, die ich von Gerhard Remdt kürzlich erhielt, „stolperte" ich über die Aussage eines Angeklagten:
„... Diese neue Karte ist die korrekte Wiedergabe der Situation. Sie zeigt ebenfalls alles, an was ich mich erinnere ... Sie sehen ebenfalls genauer die Entfernung zu/beim Bahnhof. Auch ist zu sehen, daß das Kabel geradewegs durch die Stadt ging... der Hauptstraße entlang..., und die Anschuldigungen, die erhoben wurden, hier nicht geschehen sein können. Ein oberirdischer Bau wurde errichtet am Ende der Stadt."
Dieser Skizze wurde bisher keine große Beachtung ge-

schenkt, da sie bis dato keine neuen Erkenntnisse zu enthalten schien. Bei genauer Betrachtung erwies sich nun aber, daß das, was bisher als Kopierfehler angesehen wurde (nämlich eine gepunktete Linie), den exakt beschriebenen Verlauf des Kabels aus der Stadt heraus Richtung Westen/Eichfeld wiedergibt.
Auch hat sich bisher scheinbar niemand die Mühe gemacht, die Aussage Karl Schneiders zu verifizieren, der doch sagte: „... sollte die Nachrichtenzentrale unterhalb des Eichfeldes gebaut werden..."
Damit kann aber keinesfalls „Amt 8" bzw. der Eulenberg gemeint sein! Denn dieser liegt nicht „unterhalb" des Eichfeldes, sondern „oberhalb". Selbst aus Richtung Arnstadt, wo Herr Schneider wohnte, wäre der Eulenberg rechts vom, aber nicht unterhalb des Eichfeldes zu lokalisieren. Allerdings verläuft das eingezeichnete und beschriebene Kabel genau in Richtung der Stelle, die Schneider angibt, eben unterhalb des Eichfeldes.
Angezweifelt werden darf ebenfalls, daß der damalige „Normalbürger" tatsächlich wahrheitsgemäß über die wahren Bauziele informiert wurde.
Das Bild, welches sich nun ergibt, macht plötzlich viel mehr Sinn: Im Arnstädter Schloß wird ein provisorisches Nachrichtenamt erbaut. Nach Fertigstellung von „Amt 10" erfolgt der Umzug dorthin, aber noch keine Betriebsaufnahme. Im Eulenberg beginnen 1938 Baumaßnahmen für eine unterirdische Anlage, Bestimmung unbekannt. Darüber hinaus existiert in diesem Bereich ein weiteres, bisher nicht bekanntes Objekt unterhalb des Eichfeldes. (Abbildung 4 verdeutlicht,

daß die Angabe „unterhalb des Eichfeldes" nicht den Eulenberg meinen kann).
Bleiben wir noch bei dem „theoretischen" Objekt unterhalb des Eichfeldes. Was spricht, außer dem dorthin gelegten Kabel und der Aussage Schneiders, zusätzlich dafür, daß dort eine weitere Anlage existiert? Nun, seit Jahrzehnten wird im relativ eng begrenzten Bereich der ehemaligen Jonastalbaustelle gesucht und gebuddelt, nicht nur von Schatzsuchern, sondern auch von der Bundeswehr mit modernsten Mitteln. Gefunden hat bisher niemand etwas. Allem Anschein nach

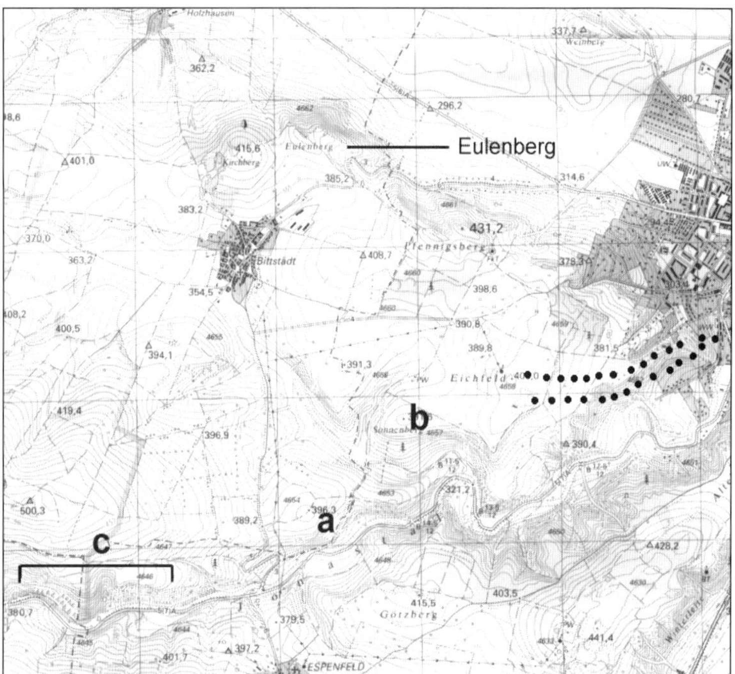

Abbildung 4: Topokarte der Eichfeld-Umgebung (1: 25 000)

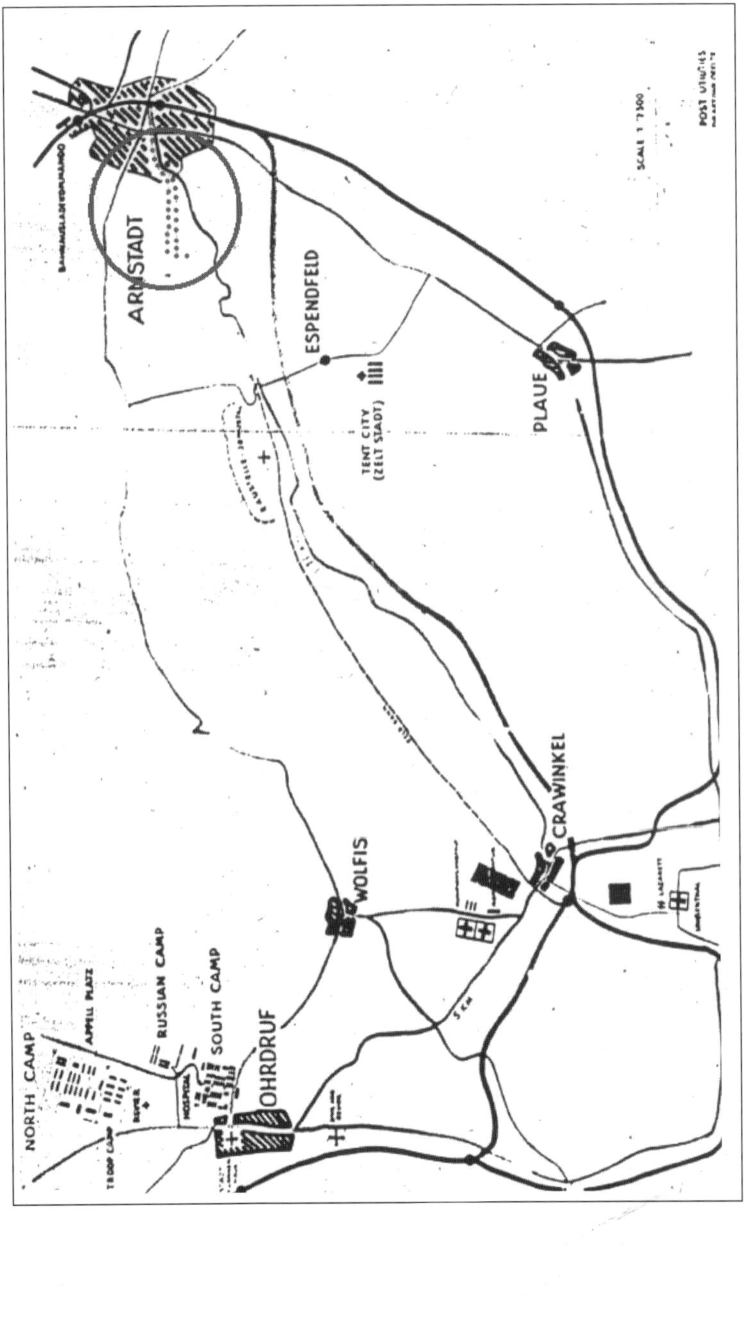

Abbildung 5: Skizze des Bereichs Ohrdruf - Arnstadt mit Kabel-Linie

ist bisher aber auch noch niemand auf die Idee gekommen, sich existierende Führerhauptquartiere anzusehen - „Wolfsschlucht II" in Frankreich etwa. Dieses FHQu erstreckte sich auf einer Fläche von über 80 km^2! Liegt da nicht die Vermutung nahe, daß auch in Ohrdruf bzw. Arnstadt dezentral gebaut wurde?
Vielleicht nur ein Zufall ist die Tatsache, daß die Entfernung der Jonastalbaustelle (Abb. 4, c) zur Straße nach Bittstädt etwa die gleiche ist, wie vom Sonnenberg dorthin.
Sicherlich **kein** Zufall jedoch sind die Aufzeichnungen der Amerikaner. In einem der Aufklärungsberichte ist zu lesen: „... 3 km westlich von Arnstadt führen 5 Stollen in den Berg..."
Im Originaldokument wird für Stollen das englische Wort „Shaft" benutzt, dieses bezeichnet einen ***senkrechten*** Schacht. Im Jonastal aber führen die Stollen waagerecht in den Berg... Daß dies noch niemandem aufgefallen ist, verwundert. Außerdem ist die Rede von fünf Stollen, im Jonastal aber befinden sich 25 (bekannte)! Glaubt man wirklich, die amerikanische Aufklärung habe nicht zählen können? Und mißt man schließlich die angegebenen 3 km von der Stadtmitte Arnstadts beginnend aus in westlicher Richtung, so wird es wohl kaum noch verwundern, wenn man nicht im Jonastal, sondern am Sonnenberg, unterhalb des Eichfeldes, herauskommt.
Ein weiterer Anhaltspunkt ist der Schienenstrang der Schmalspurbahn, die von Ohrdruf ins Jonastal zu der Baustelle führte. Dieser hört nicht etwa mit oder kurz hinter dem letzten Jonastalstollen auf, sondern führt

noch gut 500 m hinter die links abgehende Straße nach Bittstädt (Abb. 4, a). Und vom Ende des Schienenstrangs führen drei breite Wege bergauf in Richtung Sonnenberg (Abb. 4, b); dieselbe Art von Wegen übrigens, die auch bei dem noch zu behandelnden „E-Werk“ eine Rolle spielen.
Der weiter vorn schon erwähnte Herz Zuckermann sagte dazu:
„Der Arbeitsplatz war etwa 11 km vom Lager entfernt. Die Arbeit war einigermaßen erträglich. Während des Marsches vom Camp zur Zug-Station, von der (Ankunfts-) Station zum Arbeitsplatz und dasselbe später wieder zurück, wurden wir angetrieben, schneller zu gehen, oder schneller in die Wagen zu klettern. Viele von uns waren so schwach, daß sie nicht ohne fremde Hilfe in die Wagen kamen.“[27]
Damit kann nicht die Jonastalbaustelle gemeint gewesen sein! Die Aussage „... Marsch vom Camp zur Zugstation...“ ist nachvollziehbar - vom KZ Ohrdruf zur Einstiegsstation der Schmalspurbahn. Aber was meinte Zuckermann mit „... von der Ankunftsstation zur Arbeitsstelle...“? Die Schmalspurbahn führte direkt zu allen Jonastalstollen, weshalb hätte dann noch ein Marsch erfolgen sollen?
Es wäre denkbar, daß mit „Ankunftsstation“ die Endstation der Bahn links unterhalb des Sonnenberges gemeint ist. Hierzu würde eine weitere Aussage passen, und zwar die von Fred Wanders:
„... Kameraden brachen am Bahnhof von Crawinkel unter Zementsäcken zusammen oder beim Schleppen von Betonröhren und Sand die Hügel hinauf. Amerikani-

sche Aufklärer flogen in geringer Höhe über uns hinweg..."[28]

Bisher war nicht zu erklären, wieso Häftlinge überhaupt irgend etwas „die Hügel hinauf" hätten tragen sollen. Die bekannten Stollen lagen alle fast ebenerdig. Wenn aber tatsächlich im oder am Sonnenberg gebaut wurde, so ließ sich ein Materialtransport bergauf durch Häftlinge gar nicht vermeiden.
Laut dem amerikanischen Bericht handelte es sich also um „five shafts", somit senkrechte oder zumindest sehr schräg in den Berg führende Stollen, die demzufolge wohl eher auf dem Plateau denn im Hang zu suchen wären. Eine Weiterführung der Gleisstrecke von unten bis zu den potentiellen Stollen war technisch nicht möglich, da die Hänge des Tales (bis nach Arnstadt) zu steil für solch ein Vorhaben waren.

Ein Heiz- und E- Werk unter dem Plateau?

Während eines von mir absolvierten Interviews mit Frau Cläre Werner ergab sich auch ein neues Bild bezüglich der von ihr geschilderten Stollensituation. Bevor ich darauf eingehe, möchte ich aber einige Informationen zur Person meiner Interviewpartnerin geben. Frau Werner war bis 1962 Burgwart der wohlbekannten Wachsenburg, und auch während des Krieges dort geblieben. Teile des OKH hatten sich dort einquartiert, so daß Frau Werner an allerlei Information gelangte, die dem Normalbürger nicht zugänglich waren. Die Burg interessierte später natürlich auch Amerikaner und Russen, so daß sich hier ein Kontakt mit beiderseitigem Interesse ergab. So durfte Frau Werner kurz nach dem Kriege auch das Jonastal „besichtigen".
In ihren Beschreibungen tauchen gelegentlich „Widersprüche" auf, die ***scheinbar*** ihre Glaubwürdigkeit verringern. Hätten sich frühere Interviewer allerdings einmal die Mühe gemacht, genauer nachzufragen, und sich vielleicht auch in die Rolle Frau Werners zu versetzen, wäre wahrscheinlich viel früher einiges erklärbar geworden. Frau Werner ist mittlerweile leider erblindet. Außerdem liegen die beschriebenen Vorgänge nunmehr über 50 Jahre zurück.
Zudem war wohl auch die Tatsache, daß die Stollen 21 - 25 seit 1945 verschlossen sind, zu verlockend, dort ein Geheimnis zu vermuten, schien doch die Beschreibung genau dorthin zu passen: Eingerichtete Räume, Parkett usw. Wenn schon in den anderen Stollen davon keine Spur zu finden ist, dann müssen sie halt da

sein, wo man es nicht kontrollieren kann, eben im Stollenkomplex 21 - 25. Eigentlich ja auch irgendwie nachvollziehbar. Nichtsdestotrotz hätte schon viel früher auffallen müssen, daß das so nicht den wahren Tatsachen entsprechen kann...
Bevor wir uns diesem eben angesprochenen Thema zuwenden, möchte ich zuerst einen Teil der Aussage Frau Werners bezüglich der von ihr gesehenen Räume wiedergeben:
„... Ein ukrainischer Ingenieur begleitete mich dorthin. Um zum Eingang zu gelangen, mußten wir eine Treppe hinauf; etwa 12 Stufen hatte diese Nottreppe, wie ich sie einmal beschreiben will. Daß heißt, es waren nur horizontale Trittbretter angebracht, von hinten keine. Dieser Stollen oder besser das Stollenzimmer befand sich im ersten oder zweiten Stollen Richtung Arnstadt. Wenn man den Raum betrat, mußte man durch drei Türen; die erste war mit Steinen verkleidet, so daß man von außen gar nichts sah.
Die zweite war aus Eisen und die dritte aus Eichenholz. Die Türen hatten normale Breite. In dem Raum war es hell, ich sah Tageslicht, und links befand sich ein Fenster, - ich habe es zuerst für ein Fenster gehalten -, aber man sah beim Durchblicken auf Fels.
Dann erst habe ich bemerkt, daß es sich um eine in den Fels gehauene Nische handelte, und sich oben eine Leuchstoffröhre befand (Hier fügt sie ein, sie habe vor einiger Zeit von einem Besucher erfahren, daß man diese >Fenster< bei allen >Olga-Zufluchtsstätten< zur Vermeidung eines Gefängniskollers eingebaut habe).
Rechts befand sich ein Schreibtisch aus Eiche. Weiter

hinten stand ein sehr, sehr fein gebauter blauer Kachelofen, ich habe mich noch gewundert - Ja komisch, wo geht denn da der Rauch hin?-, als der Ingenieur bemerkte, der Ofen würde elektrisch betrieben, die Versorgung erfolge durch das unterirdische E-Werk. Außerdem waren weitere 3 Türen in diesem Zimmer."

Soweit erst einmal diese bemerkenswerte Aussage. Bemerkenswert vor allen Dingen in Hinsicht auf die Beschreibung „... Stollen eins oder zwei in Richtung Arnstadt..."! Bisher wurde Frau Werner immer so zitiert, als habe sie die umgekehrte Richtung beschrieben. Auf mehrfache Nachfragen gab sie aber an, daß sie Richtung Arnstadt meinte.
Im übrigen wäre eine Lokalisierung „ihres" Zimmers in den Jonastalstollen 21 - 25 nur schwer vorstellbar. Außer den Eingangstüren hatte der Raum drei weitere. Kennt man die im Umlauf befindliche Skizze des Systems, muß man sich fragen, wie diese drei Türen dort hätten angeordnet sein sollen? Außerdem war der Eingang „... so breit wie eine normale Haustür (also wohl etwa 1 m) und mit Steinen verkleidet"; die Stollen 21 - 25 aber sind mehrere Meter breit und waren wohl nicht getarnt. Zuguterletzt: Man erreichte sie auch ohne Leitern oder Treppen, da sie ebenerdig waren.
Also fällt die Theorie, Frau Werner habe sich geirrt, und „**aus** Richtung Arnstadt kommend" gemeint, weg. Nun kann aber auch nicht der (bekannte) Stollen 1 oder 2 von Crawinkel her gemeint sein, denn hier trifft genau das gleiche zu. Was bleibt? Frau Werner muß in einem bisher unbekannten Gang gewesen sein - und zwar

noch *vor* dem heute als Nr. 1 bekannten.
Wen wundert es, wenn sich etwa 400 m vor diesem Stollen ein abgestürzter Hang befindet, der verblüffende Ähnlichkeit mit jenen Bereichen aufweist, in denen gesprengt wurde? Auf einem russischen Luftbild von 1950, welches das Jonastal zeigt, kann man dies hervorragend erkennen:

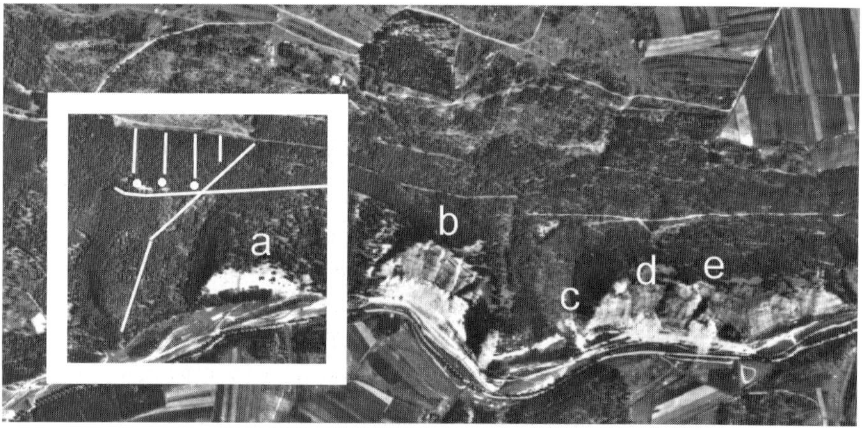

Abbildung 6: Luftbild Jonastal

„a" bezeichnet den erwähnten, abgerutschten Hang, „b - e" den Bereich der gesprengten Jonastalstollen. Unschwer ist zu erkennen, daß Hang „a" die gleiche weiße Färbung aufweist, wie die gesprengten Stollen rechts davon. Dies aber ist eigentlich nur dadurch zu erklären, daß bei „a" ebenfalls in etwa demselben Zeitraum Sprengungen vorgenommen worden sein müssen, wie im rechts davon liegenden Areal. Andernfalls hätte diese Stelle, bedingt durch Erosion und Vegetation, eine andere Farbe aufweisen müssen.

Der Bereich um „a" hat aber noch mehr zu bieten. Auf Abbildung 6 nur schematisch dargestellt, befindet sich links oberhalb davon ein wahres - sonderbarerweise geordnetes - Durcheinander von Wegen. In der Vergrößerung wird dies deutlicher (Abb. 7). Vom Hauptweg gehen sechs gerade Wege nach unten ab. (Aus dem Bericht eines Ingenieurs, der im Jonastal eingesetzt war, geht übrigens hervor, daß es dort ehemals 31 Stollen, also sechs mehr als bisher bekannt, gab). Auf der Karte sind dort, wo die drei weißen Punkte markiert sind,

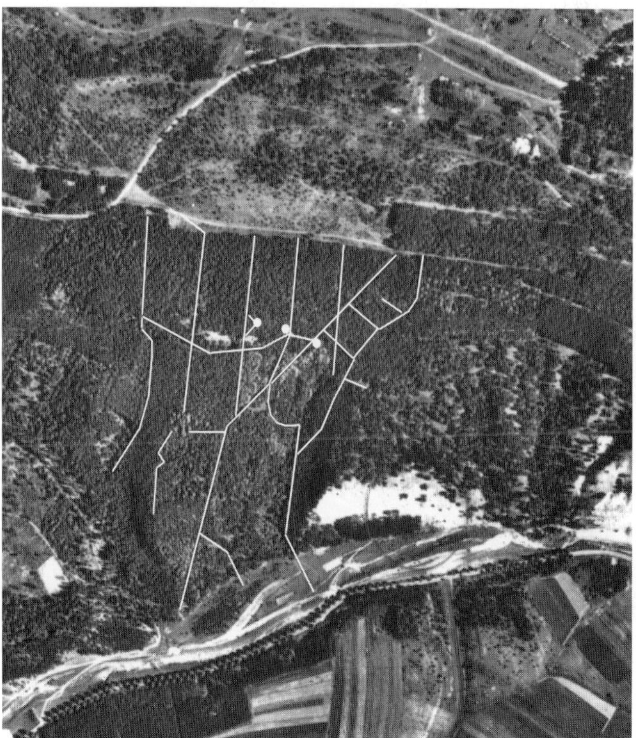

Abbildung 7: Markierte Wege über Bereich „a"

drei Mulden eingezeichnet. Bei einer Begehung stellten wir fest, daß diese Mulden keinesfalls natürlich entstanden sein konnten, sondern eher durch Sprengungen hervorgerufen worden sein mußten.
Als ob dies nicht schon seltsam genug ist, wird es noch interessanter, wenn man das Foto des Bereiches unterhalb und links des Hanges mit entsprechender Computersoftware bearbeitet. Dann treten plötzlich ganze Gebäudegruppen plastisch hervor. Selbst etliche Schienenstränge werden sichtbar. Nun ist zwar durch eine Häftlingsaussage bekannt, daß es vor Stollen 1 ein großes Depot gab, dies erklärt aber nicht, wieso die Schienen an mindestens zwei Stellen in ein Gebäude führen. Bei oberflächlicher Betrachtung bleibt auch unklar, warum hier überhaupt solch ein Durcheinander an Schienen vorherrscht. Erst bei weiterer Vergrößerung zeigt sich eine Lösung. Und zwar gehen von einem der

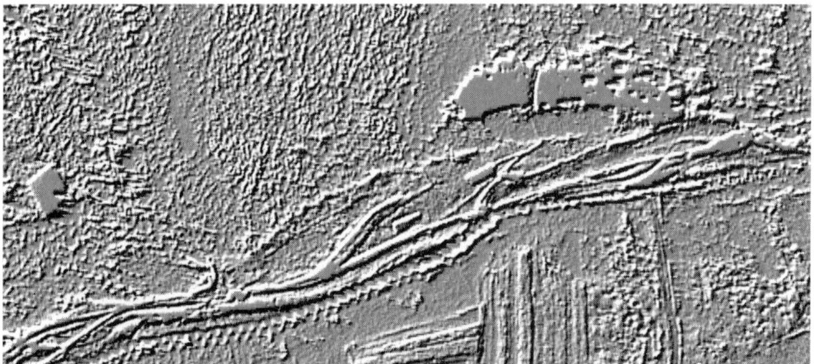

Abbildung 8: Bereich um „a" nach Reliefgebung

Gebäude drei Gleise „in" den Hang; von der weiterführenden Hauptstrecke rechts darunter ebenfalls

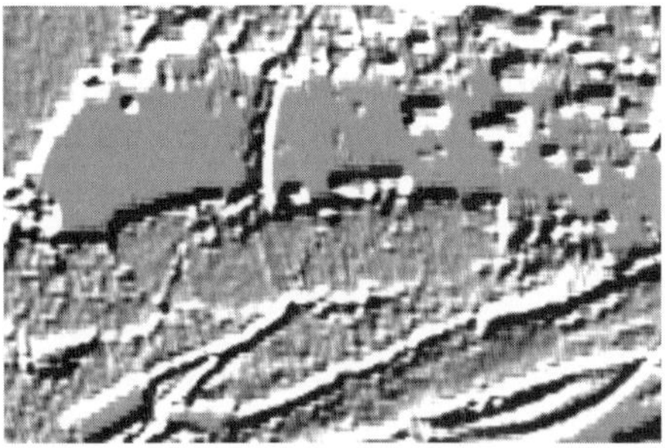

Abbildung 9: Weitere Vergrößerung des Hanges

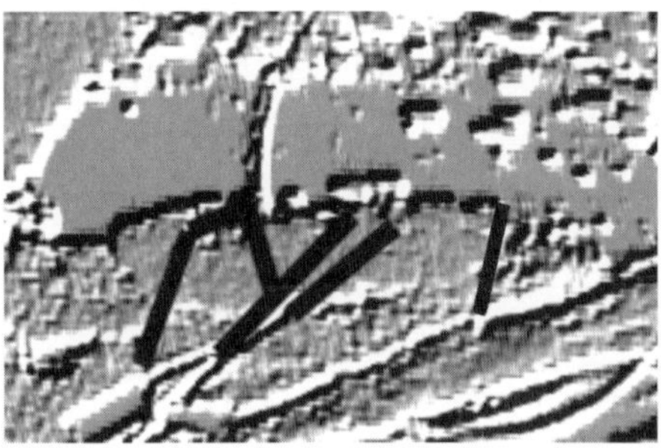

Abbildung 10: Markierte Gleise

zwei. In Abbildung 10 habe ich diese Strecken schwarz dargestellt. Sie verschwinden sozusagen an drei, in gleichen Abständen zueinander liegenden Stellen im Hang. Fügt man nun noch hinzu, daß Frau Werner zwar keine genaue Ortsangabe bezüglich des Elektro- und / oder Heizwerkes machen konnte, es nach ihren Worten aber im Bereich „zwischen Jonastalfelsen und Truppenübungsplatz" liegt, besteht für mich wenig Zweifel, daß hier ein weiteres unterirdisches Objekt seiner Entdekkung harrt. Oder ist es vielleicht schon entdeckt worden? Während unseres Gespräches erwähnte Frau Werner nämlich, daß kürzlich „mehrere Ingenieure, die wohl daran mitgebaut haben, von diesen Hohlräumen erzählten, sie würden das Heizkraftwerk beinhalten". Fazit: Objekt Nr. 2 befindet sich linkerhand der bekannten Stollen.

Tarnmaßnahmen

Wie ich bereits am Beispiel von „Riese" aufzeigen konnte, wußten die für den Bau Verantwortlichen, Gebäude, Luftschächte und andere Installationen hervorragend zu tarnen. So beschreibt es auch Frau Werner mit den „auf die Tür aufgelegten Steinen". Solcherart Tarnmaßnahmen stellten nichts ungewöhnliches dar, wie auch der Bericht des amerikanischen Unteroffiziers Kurt Weiller dokumentiert. Er schrieb an seinen Vetter:

„... Dann erzählten mir zwei ehemalige Häftlinge von einer Fabrik, in der sie gearbeitet hätten, und zeigten mir den Weg. Du wirst es nicht glauben, aber ich bin fast daran vorbeigegangen, ohne etwas zu bemerken... Ich weiß, es klingt seltsam, aber laß mich versuchen, die Anlage zu beschreiben: Sie erstreckte sich über etwa 50 Quadratkilometer und sah wie ein dichter Wald hoher Kiefern aus ... Das Ding wurde von der Organisation Todt gebaut. Todt war der Kopf hinter dem Bau des Westwalls. In einiger Entfernung voneinander liegen mehrere Fabriken, und die meisten der Gebäude sind unterirdisch. Über ihnen wachsen hohe Bäume. Wenn mir jemand davon erzählen würde, ohne daß ich es mit eigenen Augen gesehen hätte, würde ich sagen: >Zum Teufel, Mann, du bist verrückt. Das klingt wie eine dieser Marsgeschichten von Orson Welles<. Aber es ist keine Phantasiegeschichte.

Sie brauchten nämlich unterirdische Anlagen, um in Ruhe ihre Flugzeuge zu bauen, und Bomben wären hier sicher nicht durchgedrungen ... Erst gruben sie ein

Loch, das tief genug war - vier Stockwerke tief (Ein Irrtum, tatsächlich waren es fünf, Anm. d. Autors), um genau zu sein, es war ein wenig höher als der Luftschiffhangar in Akron, Ohio, um Dir in etwa eine Vorstellung zu geben.
Die Betondecke allein ist achteinhalb Meter stark und darüber liegen noch einmal vierzehn Meter Erde, in die sie diese hohen Kiefern gepflanzt oder wieder eingepflanzt haben ... Die Halle ist 860 Meter lang - ja, 860 Meter! Der Beton wurde nicht mit Lastwagen oder von Hand hierhergebracht, nichts dergleichen. Transportzüge fuhren in eine eigene Betonmischanlage, die knapp zwei Kilometer entfernt war. ... und von dort haben sie den Beton durch Röhren in die Halle gepumpt. Es ist das wunderbarste Großbauwerk, das Du irgendwo sehen kannst ... ein Projekt, das sogar noch den Boulder-Damm übertrifft. Mit all den Artilleriedepots - nicht 200, wie meine Leute glaubten, sondern über die ganze Anlage verteilt 1500 - umfaßte das gesamte Werk, die 3 Hauptbunker eingeschlossen, etwa 1600 Gebäude. Durch das ganze Gebiet führten gute Betonstraßen, aber alle unsichtbar - getarnt durch diesen unglaublichen Wald ..."[28]
Eine andere Tarnmaßnahme beschrieb mir der Amerikaner Jerry Dolph, der von 1962 bis 1965 in der Nähe Würzburgs stationiert war:
„... Ich war während dieser Zeit bei der Luftwaffe. Unsere Basis befand sich auf dem Gelände einer alten Zivillandebahn, die während des Zweiten Weltkrieges betrieben wurde. Die amerikanischen Bomberverbände flogen oft darüber, wenn sie strategische Ziele in

den industrialisierteren Gebieten bombardierten. Wenn diese Bomber solche Bereiche wie unsere jetzige Basis überflogen, wurden routinemäßige Luftaufnahmen gemacht. Damals fiel lange Zeit nichts auf, bis eines Tages ein Soldat, der mit diesen Photos arbeitete, bemerkte, daß sich dort eine Herde Schafe in einer Baumansammlung, nahe den Hauptgebäuden der Landebahn, befand. An sich nichts ungewöhnliches, aber nähere Untersuchungen ergaben, daß diese Schafherde immer am gleichen Platz war, auch auf allen vorhergehenden Aufnahmen.
Man beschloß, diese Herde zu bombardieren, und es ergab sich, daß zwischen den Bäumen Baracken standen (3 oder 4, ich weiß es nicht mehr genau); sie hatten Tarngras gepflanzt und diese Gruppe künstlicher Schafe dorthingestellt. Soweit ich mich erinnern kann, arbeiteten sie an einem Tunnelsystem in der Nähe der Landebahn, welches die neuen Düsenjäger beherbergen sollte. Als ich dort stationiert war, habe ich zwar die Eingänge gesucht, sie aber nicht gefunden. Aber wir waren ohnehin davor gewarnt worden; sie seien mit Sicherheit durch Fallen gesichert, und deswegen seien sie bisher >links liegengelassen< worden."[29]

Man sieht, daß es durchaus wahrscheinlich ist anzunehmen, daß sich bei „Riese" wie auch im Falle von „Olga" noch allerlei Anlagen unter gut getarnten Oberflächen verbergen. Die Aussage Weillers zeigt aber auch auf, daß die Behauptung vieler Zeitzeugen, die Amerikaner hätten nur selten solche Anlagen näher untersucht, nicht aus der Luft gegriffen ist.

Vergeßliche Zeugen

In diesem Zusammenhang sei einmal kurz auf einige Besonderheiten eingegangen, die mir während der Recherchen zu diesem Buch auffielen. Zudem wir unlängst über Frau Werner berichteten, können wir an dieser Stelle auch gleich weitermachen: Es ist schier unglaublich, wieviele Ingenieure sich bei dieser Frau tummeln. Dazu gehören vor allen Dingen auch solche, die mehr oder weniger am Bau beteiligt waren und dies durch gute Orts- und/oder Geschichtskenntnisse belegen können. Noch beeindruckender allerdings ist der Umstand, daß, versucht man am Bau Beteiligte ausfindig zu machen, sich eine Mauer des Schweigens auftut. Hosny und Fitzke etwa versuchten, mit einem ehemaligen Bauleiter ein Interview zu machen. Ergebnis: Der gute Mann konnte sich in keinster Weise an „Stollenanlagen bei Ohrdruf" erinnern, allenfalls an eine Gans, die er dort zu Weihnachten gegessen habe.

Von Kenntnis der Dinge (oder einer „blühenden Phantasie", wie manche meinen) zeugt auch die Bemerkung des Besuchers, die bereits weiter vorn erwähnten „Fenster" seien in allen „>Olga<-Zufluchtsstätten" zwecks Vermeidung eines Gefängniskollers eingebaut worden. Oder die Bestätigung, daß es ein E-Werk gegeben habe. Und auch das Bundesvermögensamt gab sich eine Zeitlang bei Frau Werner die Klinke in die Hand: Geophysiker untersuchten das Gebiet um den Eulenberg und die Bundeswehr forscht im „Amt 10"...
Die offizielle Stellungnahme aber lautet: „Es gibt nichts

unerforschtes".
Warum - in drei Teufels Namen - dann aber diese emsige Sucherei? Solch ein Aufwand für nichts?

Der Eulenberg

Etwa 2,2 km nordnordöstlich des Jonastals befindet sich der eingangs schon erwähnte Eulenberg. Über ihn läßt sich weit weniger aussagen als über die anderen Objekte. Angeblich begann der Bau einer Nachrichtenzentrale dort 1938, dann sei die (wohl schon betonierte) Baugrube voll Wasser gelaufen, so daß die Arbeiten eingestellt wurden. Die vorhandene Baugrube habe die Ausmaße von etwa 70 x 25 Metern gehabt.
Auch hier fallen wieder einige Ungereimtheiten auf. Der Bau begann 1938, die Aufgabe des Projektes erfolgte im Dezember 1939. Es ist wohl nicht sehr wahrscheinlich anzunehmen, daß nach über einem Jahr Bauzeit nichts außer der Baugrube fertiggestellt worden war.
Von mir danach befragt, wußte auch Frau Werner über den Eulenberg nur zu sagen, daß „sich in ihm wohl eine große Höhle befindet und eine Funkverbindung ins Jonastal bestand", daß man „da etwas mit (der) V 2 machen wollte", und „der amerikanische Parlamentär, welcher damals nach Arnstadt fuhr, von dort beschossen worden ist, wobei der Kühler seines Jeeps zerstört wurde".
Einzig die Erwähnung der V 2 ist interessant, doch dazu später mehr. Und natürlich befinden sich dort auch wieder drei Schneisen ... in etwa der gleichen Länge und Anlage, wie sie auch beim Sonnenberg und dem „E-Werk" vorkommen.
Der Leser möge aber nun nicht denken, daß diese Art von „Wegen" dort gang und gäbe seien... Es finden sich

außerhalb des Truppenübungsplatzes Ohrdruf nur sehr wenige solcher Stellen. In einem kreisförmigen Gebiet mit den Punkten Arnstadt - Ohrdruf - Gossel - Plaue sind es nur sechs Stück!

Noch mysteriöser: „Helft uns"...

Als ob die bisher bekannten Fakten, Aussagen und Berichte nicht allein schon rätselhaft und verwirrend genug sind, wurde in den fünfziger Jahren von Kindern, die in der Nähe der Stollen spielten, eine Medikamentenkapsel gefunden. Die Finder brachten sie dem Bürgermeister von Gossel, einem kleinen Dorf in der Nähe des Jonastals. Dieser öffnete die Kapsel[30] und fand darin zwei Zeichnungen. Da er nun mit diesem Inhalt wenig anzufangen wußte, ihm aber bekannt war, daß Gerhard Remdt sich für das Jonastal interessierte, benachrichtigte er diesen. Remdt fuhr nach Gossel und nahm die Zeichnungen in Empfang.

Sofort nachdem er wieder Zuhause war, kopierte er die Skizzen auf ein Pergamentpapier. Was sich als weiser Entschluß herausstellen sollte, denn kaum 10 Minuten später klingelten Vertreter des Ministeriums für Staatssicherheit der DDR an seiner Tür, um die Herausgabe des Materials zu verlangen. Der Gosseler Bürgermeister hatte zwischenzeitlich Zweifel an seiner Handlungsweise bekommen und die Stasi informiert. Die Zeichnung (sie wurde in „Rätsel Jonastal" veröffentlicht) zeigt eine schematische Darstellung eines Bergvorsprungs, in welchem sich eine Art Höhle befindet. Ein Zugang führt nach oben, einer unten heraus. Die Angaben sind, obwohl nur skizzenhaft niedergelegt, ausgesprochen präzise und keinesfalls etwa von „Kinderhand" gefertigt. Allerdings schien sich der Verfasser nicht auf exakte Vermessungsangaben stützen zu können. Die Windrose des topographischen

Punktes kann nicht stimmen und widerspricht der unteren Angabe „auf der Südseite". Auch die Höhen- und Breitenangaben sind so nicht korrekt und entsprechen wohl eher einer Schätzung.
Da die Kapsel in der Nähe der Stollen aufgefunden wurde, ging man bei der Suche nach dieser Bergnase bisher davon aus, sie müsse sich ebenfalls in Stollennähe befinden. Tatsächlich ergibt sich bei einem Vergleich mit dem Bienstein, jener Bergkuppe, die die Stollen 12 von Nr. 13 und 14 trennt, mit der Skizze, eine auffallende Übereinstimmung.
Doch trotz intensivster Suche, sowohl von Remdts, unserer und sicher auch anderer Seite wurde weder einer der beiden Zugänge, noch der als Strichlinie kenntliche Luftschacht gefunden.
Verlegt man aber den Ort der Suche in die Nähe des Sonnenberges, genauer an den Wüstenberg, offenbart sich, welch Wunder, verblüffendes: An der Vorderfront des Wüstenberges befindet sich ein Höhleneingang. Auf dem Plateau fanden wir bei einer Erkundung zwei Mulden, die durchaus das Resultat einer Sprengung sein könnten. Die erste etwa da, wo sie sich laut Zeichnung zu befinden hat, die zweite etwa 70 m dahinter. Führte hier der nach hinten weisende Gang hinaus?
Sogar der auf der gefundenen Zeichnung angegebene topographische Punkt ist, anders als beim Bienstein, vorhanden. Er wurde von einem Vermessungsingenieur als solcher erkannt, wobei es sich, um exakt zu bleiben, um einen sogenannten „Signalturm" handelt. Geht man nun noch - wie erwähnt - davon aus, daß der Zeichner seine Angaben schätzen mußte, so ergibt

sich eine wirklich verblüffende Übereinstimmung.
Das es im Berg auch Höhlen gibt, ist mehr als nur wahrscheinlich. Etwa 150 m rechterhand von Stollen 25 befindet sich beispielsweise eine solche, wenn sie auch nur klein ist. Sie hat keine Verbindung zu einer größeren Höhle, wie wir bei einer unserer Begehungen feststellen konnten. Zudem ist insbesondere bei Kalkstein, dem „Grundstoff" des Gebietes, eine Höhlenbildung völlig normal. Und die weitere Umgebung bietet einige in dieser Hinsicht ebenfalls passende Naturphänomene an, die sich in Form von Felsenquellen und Erdfällen, letztere teils mit enormer Größe (Durchmesser ca. 40 m auf dem Truppenübungsplatz) aufzeigen lassen. Cläre Werner sagte dazu:
„... auch auf dem Truppenübungsplatz befinden sich viele große Höhlen, in denen erst die Nazis und später die Russen ihre Munitionsdepots hatten..."
Eine Höhle als Depot? Warum nicht, immerhin „verschwindet" nur wenig links des Wüstenberges ein Bach im Untergrund...

Vergleiche

Ich werde häufiger gefragt, warum ich denn Häftlings- und sonstige Aussagen als Recherche-Basis benutze und keine Dokumente aus der damaligen Zeit.
Die Antwort darauf ist simpel: Es existieren so gut wie keine Dokumente! Ich habe - u. a. durch die Arbeit von Freunden jeweils vor Ort - in amerikanischen, englischen und französischen Archiven gesucht bzw. suchen lassen - es gibt fast keine Unterlagen, allenfalls taucht einmal ein nebensächlicher Hinweis auf. Auch in deutschen Archiven, wie etwa im Bundes- und Militärarchiv, findet sich nichts.
Auch nach Kontaktaufnahme mit dem United States Holocaust Memorial Museum sowie Yad Vashem (Hauptarchiv für den Holocaust) in Israel stellte sich heraus, daß dort ebenfalls nur ausgesprochen karges Material vorhanden ist. So existierten in Yad Vashem ganze vier (!) Aussagen bezüglich Ohrdruf. Und alle Häftlingsaussagen haben eines gemeinsam: In keiner wird detailliert beschrieben, **wo** denn nun die Arbeitsstellen genau waren, ja, daß Thema der „Arbeitsstellen" wird sogar peinlichst vermieden und, wo es sich denn gar nicht vermeiden läßt, nur ganz oberflächlich gestreift.
Ich muß zugeben, daß ich mir darüber anfänglich keine Gedanken machte. Erst, als ein befreundeter Psychologe einige der Aussagen las, fiel mir dies auch auf. Für ihn ist es in keinster Weise nachvollziehbar, daß die Orte, an denen die Häftlinge die meiste Zeit verbringen mußten, an denen schreckliche Unfälle gescha-

hen und sie unmenschlich angetrieben wurden, nicht beschrieben werden. Dabei sollte aber das genaue Gegenteil der Fall sein: Vom psychologischen Standpunkt her gesehen müßte dieser Ort sehr häufig genannt werden, da es das Bestreben vieler Häftlinge gewesen sein sollte, sich ihre schlimmen Erfahrungen „von der Seele zu schreiben". Aber nichts davon trifft zu, es sieht vielmehr danach aus, als seien die Aussagen vor Veröffentlichung „gewaschen" worden, sprich, alle Hinweise auf die Arbeitsstelle wurden herausgenommen oder durch verwaschene Beschreibungen ersetzt. Das ist höchst seltsam, denn vergleichbaren Aussagen von Häftlingen aus dem ebenfalls streng geheimen Projekt „Riese" oder von Gefangenen, die in Nordhausen an der V 2 arbeiteten, gehen sehr genau auf die Arbeitsbedingungen vor Ort ein und enthalten genaue Schilderungen der Arbeit in den Stollen oder der Lage des Arbeitsplatzes.

Bei den „Olga"-Aussagen ist nichts dergleichen zu finden. Das allein schon ist sehr ungewöhnlich, doch längst noch nicht alles, denn „Olga" wurde scheinbar auch bewußt aus den Militärunterlagen herausgehalten. Das ist merkwürdig, denn selbst andere geheime deutsche Untergrundanlagen wie die schon mehrfach genannten Mittelwerke in Nordhausen, ja selbst die unterirdischen Steinbrüche bei Hasslach (Codename Barbe), in denen „nur" einige hundert Häftlinge arbeiten mußten, fanden im Gegensatz zu „Olga" einen ausführlichen Niederschlag in den Akten.

Bedenkt man, daß Ohrdruf das erste KZ war, welches von US-Truppen befreit wurde, daß hochrangige Offi-

ziere wie Patton, Eisenhower etc. dieses Camp besuchten und SS-Einheiten sechs Tage lang das Jonastal unter Aufbietung aller Kräfte verteidigten, so muß der Mangel an Informationen um so mehr verwundern. Normalerweise wäre doch zu erwarten, daß jede Menge Aufklärungsberichte vorliegen müßten! Vollends mysteriös wird es hingegen, wenn man erfährt, daß Unterlagen der Aufklärungstruppen absichtlich aus den National Archives in Washington entfernt wurden. Doch gleich mehr dazu.
Einwandfrei dokumentiert ist in den amerikanischen Akten das KZ-Außenlager Espenfeld, das die US-Soldaten unweit der Baustelle entdeckten. Hierüber existieren Filmaufnahmen und ein detaillierter Untersuchungsbericht. Seltsamerweise wird darin jedoch mit keinem Wort erwähnt, daß die Häftlinge in diesem Lager, wie in Ohrdruf, ihr Leben für das mörderische Projekt im Jonastal lassen mußten. Selbst nachdem der amerikanische Oberbefehlshaber Eisenhower und seine Generäle das KZ in Ohrdruf, wie eben erwähnt, inspiziert hatten, stellte niemand die Frage, wofür es überhaupt errichtet worden war. Dabei wußten dic Generäle doch längst, daß sich im Jonastal eine Großbaustelle der SS befand.
In den Dokumenten findet sich auch keinerlei Information über den Nachmittag des 12. April 1945, an dem Eisenhower und sein Stab die Gegend besichtigten und wahrscheinlich S III aufsuchten. Diese sind wohl genauso unvollständig wie die zugänglichen Dokumente der Spezialeinheiten, die den Auftrag hatten, das Jonastal zu erkunden. So existiert z. B. ein Bestands-

verzeichnis der Luftbilder vom 9. Januar 1945. Es ist ein eindeutiger Hinweis dafür, daß auch das Jonastal und seine Umgebung fotografiert wurde. Doch gerade die interessanten Luftbildaufnahmen von der Großbaustelle sind aus dem Archiv entfernt worden!
Weiße Flecken befinden sich ebenfalls in den Unterlagen der Aufklärungstruppe. Für das Gebiet zwischen Ohrdruf und Arnstadt waren die Aufklärer der 89. Infanterie-Division eingesetzt worden. Allerdings fehlen sämtliche Eintragungen zwischen dem 8. April, 13.35 Uhr, und dem 11. April, 19.35 Uhr. Es ist anzunehmen, daß es sich um jenen Zeitabschnitt handelt, in dem sie das Tal erkundet haben müßten...
Die Protokolle über das, was die Amerikaner sonst noch in dem uns interessierenden Terrain vorfanden, befinden sich in den National Archives der USA. Die meisten der Dokumente sind nach wie vor nicht zugänglich und unterliegen nach mehr als 50 Jahren immer noch der Geheimhaltung. Die Anlaufstelle für die US-Militärakten befindet sich in einer Außenstelle in Sudland.
Das Zweite Deutsche Fernsehen beauftragte für seine Dokumentation „Das letzte Führerhauptquartier - Was fand die US-Armee 1945?" den Historiker Willi Korte mit Recherchen zu Dokumenten über das Jonastal.
Im Fall Ohrdruf fand Korte Belege dafür, daß die Besatzer in der näheren Umgebung mehrere hundert Tonnen Dokumente abtransportiert haben. Sie stammten von hohen deutschen Militär- und Regierungsstellen. Ein Teil von ihnen wurde in den „US-Reports" als Staatsdokumente der obersten Geheimhaltungsstufe

klassifiziert. In den Aktenbeständen der in Frage kommenden US-Divisionen fand Korte aber keinen einzigen Bericht über die unterirdischen Anlagen im Jonastal:

„Ich bin nun seit über 10 Jahren hier in diesem Archiv tätig und habe an vielen solcher Probleme gearbeitet und normalerweise schlägt sich ein Vorgang wie das Jonastal, das ein ganzes Tal umfaßt, in den Akten eindeutig nieder. Warum also in diesem Fall das Jonastal sich praktisch in Akten überhaupt nicht niederschlägt, ist mir bisher völlig unerklärlich. Ich kann also nur spekulieren. Eine Möglichkeit ist natürlich, daß hier Geheimdienstinteressen Priorität hatten über irgendwelchen anderen Interessen der Militärs und daß sich möglicherweise deshalb in diesen Akten das nicht niederschlagen konnte, sondern in uns bisher noch unbekannten Geheimdienstakten niederschlägt. Eine andere Erklärung wie die, daß es zum Beispiel im Jonastal nichts zu sehen gab, ist ja eher auszuschließen, weil, die Sache war ja doch sehr umfangreich und die Akten haben ja zu anderen Vorgängen zum Teil sehr detaillierte Beschreibungen geboten. Also ich tippe eher auf die Tatsache, daß hier etwas vorgefallen ist, was wir bisher noch nicht haben recherchieren können.“[31]

Falls Ohrdruf und seine Umgebung tatsächlich so uninteressant sind, wie man uns Glauben machen will, wieso machte man sich dann die Mühe und erschwert spätere Nachforschungen durch die Wegnahme von Dokumenten?

Dafür gibt es wohl tatsächlich nur eine einzige Erklä-

rung: Geheimhaltung. Doch was könnte nach Ablauf von mehr als 50 Jahren noch so wichtig sein, daß es eine immer noch andauernde Klassifizierung rechtfertigt?!
Nun, manche vermuten, daß US-amerikanische Einheiten damals Kunstgüter aus dem betreffenden Gebiet abtransportiert haben, was später vertuscht werden mußte. Ich vertrete allerdings eine gegenteilige Auffassung, glaube stattdessen, daß die damaligen Ereignisse einen technologischen Hintergrund hatten, den es geheimzuhalten galt, was letztlich ebenso eine jahrzehntelange Freigabe von Informationen verhindern könnte.

V- und Geheimwaffen

Nicht nur die V1 & V2

Obwohl zweifelsohne die bekanntesten V-Waffen, waren diese zwei Angriffssysteme in Form eines Marschflugkörpers (V1) und einer Rakete (V2) bei weitem nicht die einzigsten. Es ist sehr schwierig, den Begriff einer V-Waffe klar zu definieren. Im Prinzip handelte es sich hierbei um alle Waffen, von denen man sich seitens der zuständigen deutschen Stellen noch eine Wende des Krieges versprach. Aufgrund der zunehmenden Verzweiflung, die durch den nahenden Zusammenbruch des Dritten Reiches hervorgerufen wurde, trieb man auch völlig unreife bzw. von vornherein zum Scheitern verurteilte Projekte mit Macht voran. Doch auch wirkliche technische Innovationen wie etwa Flugabwehrraketen wurden bis zur Serienfertigung entwikkelt. Einige der damals geschaffenen Waffensysteme sollten die Militärtechnik der späteren Jahrzehnte geradezu prägen. Erinnert sei hier nur an die V2, deren Weiterentwicklungen nach dem Krieg in Form von Interkontinentalraketen die Politik des Kalten Krieges erst ermöglichten.
Zum besseren Verständnis seien hier einige Typen von V- und Geheimwaffen aufgeführt, die nach dem Ende des Zweiten Weltkrieges wohl allesamt von den technologiehungrigen Amerikanern weiterentwickelt wurden.

Flugscheiben

Bei den deutschen Flugkreiseln sollte es sich um Fluggeräte handeln, die durch ein um einen zentralen, nicht mitdrehenden Rumpf, umlaufendes Rotor- oder Scheibensystem in der Lage waren, sowohl senkrecht zu starten und zu landen als auch mit ungewöhnlich hoher Geschwindigkeit horizontal oder vertikal in jeder beliebigen Richtung zu fliegen - womit ein solches Gerät für militärische Einsatzzwecke natürlich hochinteressant sein mußte.
In den ab 1950 veröffentlichten Berichten wurden im wesentlichen zwei verschiedene Modelle solcher Flugscheiben bzw. -kreisel sowie eine als V7 bezeichnete Flak-Mine erwähnt. Einer der Flugkreisel soll von einem gewissen Flugkapitän Schriever, der andere von einem Dr.-Ing. Miethe entworfen und gebaut worden sein. Beiden Flugkreiseln wurden phantastische Flugleistungen nachgesagt.
Nach den vorliegenden Berichten wurde die Idee zu dem Schrieverschen Flugkreisel im Frühjahr 1941 geboren, ein Modell - vermutlich dem bekannten Kinderspielzeug nachempfunden - im Juni 1942 geflogen und damit, nach Schrievers Ansicht, die Richtigkeit seiner Überlegungen bestätigt. Im August 1943 soll der Erfinder mit drei Vertrauten auf einem BMW-Flugplatz bei Prag eine Großausführung seines neuen Fluggerätes gebaut haben. Das ursprünglich mit Luftschrauben ausgerüstete Gerät wurde im Sommer 1944 auf Strahltriebwerke umgerüstet. Schließlich war im April 1945 die „fliegende Untertasse" angeblich zur Er-

probung fertig, konnte aber vor Kriegsende nur noch einen Probelauf, keinen Erstflug, durchführen und mußte am 9. Mai 1945 gesprengt werden, wonach sich sein Erbauer samt Unterlagen nach Westen absetzte. Anderen Berichten zufolge flog der Kreisel sehr wohl - und zwar mehrmals recht erfolgreich.
Ob nun serienreif oder noch in der Entwicklung befindlich, die Flugkreisel wären mit Sicherheit ein genau so interessantes Objekt der Begierde gewesen wie allenthalben die deutschen Raketenwaffen.

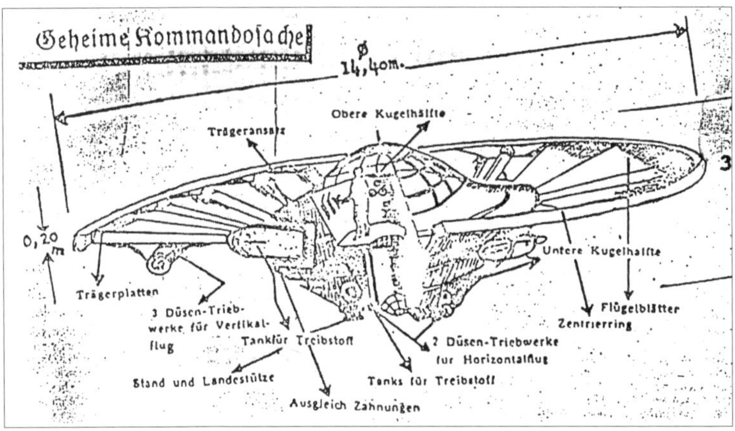

Abbildung 11: Flugkreisel

Elektrokanonen

Nach französischen Unterlagen bzw. existenten Patenten von 1916 - 1918 wurde von der zum Heereswaffenamt gehörenden Gesellschaft für Gerätebau eine Art Werfer gebaut, bei dem die Granate durch elektrische Energie beschleunigt wurde.

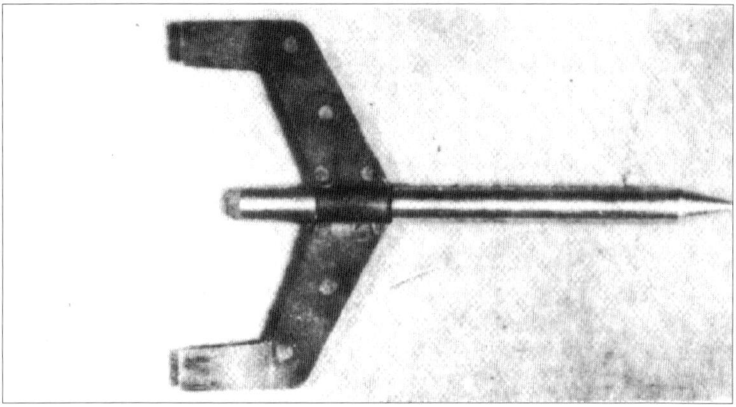

Abbildung 12: Geschoss für eine E-Kanone

Ein linearer Motor bildete dabei das Geschützrohr. Die Granate wurde mittels starker Magnetfelder durch das Geschützrohr gezogen. Bei Versuchen erreichte man im Oktober 1944 eine V_0 von 960 m/s bei 21 000 A. Geplant war außer einer 4-cm-Flak eine Fernkanone mit einer Schußweite von 240 km.

Allerlei Raketen

Bekanntermaßen brachten die deutschen Raketen-Forschungsergebnisse die Amerikaner in ihren eigenen Bemühungen um die Erlangung eines strategischen Vorteils einen enormen Schritt weiter, zumal viele deutsche Wissenschaftler, die mit den entsprechenden Projekten verbunden waren, in die USA wechselten. Die „berühmtesten" V-Waffenentwicklungen sind zweifellos der Marschflugkörper V1 und die Raketenwaffe V2. Es gab allerdings noch eine Vielzahl anderer Raketenprojekte, beispielsweise kleinerer Geräte in Form von Flugabwehrraketen, aber auch größerer Systeme, wie das der A9/10, mit dem ich an dieser Stelle beginnen möchte.

Die überragenden Erfolge mit der V2-Rakete gaben den Anstoß, sich mit der Frage einer weiterreichenden Fernrakete zu befassen. Schließlich mußte man auch Maßnahmen treffen für den Fall, Raketen auf größere Entfernungen verschießen zu müssen, als es der erste Typ der V2 zuließ. Dieser Fall mußte zum Beispiel eintreten, wenn die ersten Abschußbasen verloren gingen und dadurch eine Verlegung der Schießplätze nach rückwärts notwendig sein würde. Die hierüber angestellten Betrachtungen und die dafür festgelegten Pläne stammten bereits aus dem Jahr 1940, mußten jedoch wegen der für die erste V2 vordringlichen Arbeiten zurückgestellt werden.

Die veränderte militärische Lage im Frühjahr 1943 zwang nunmehr dazu, sie wieder aufzugreifen und die notwendigen Maßnahmen einzuleiten. Mit den Arbei-

ten wurde sofort begonnen und am 8. Januar 1945 konnte der erste Start mit der neuen Fernrakete A9 versucht werden. Dieser fiel jedoch durch einen technischen Fehler negativ aus. Dafür wurde der zweite Start am 24. Januar 1945 zu einem vollen Erfolg. Es war das Gerät A 4-B, das der V2 fast völlig entsprach bis auf zwei seitlich angebrachte kleine Tragflächen mit einer Länge von 13,5 m. Die A9 stieg bis zu einer Höhe von etwa 82 km auf, um dann in eine flach gekrümmte Flugbahn überzugehen, wobei mit einer Reichweite von 550 bis 600 km bei einer Flugzeit von nur 17 Minuten zu rechnen war. Das rasche Ende des Krieges verhinderte allerdings weitere Arbeiten an dieser Raketenvariante.
Nach dem Eintritt Amerikas in den Krieg ergab sich die Notwendigkeit, auch dieses Land mit Fernraketen unter Feuer zu nehmen. Die bereits in Angriff genommenen Planungen mit der A9 wiesen den Weg zu der neuen Entwicklung, die in einer Rakete mit einer Reichweite von etwa 5000 km gipfeln sollte. In Verbindung mit einem Geschoßträger, der A10, mußte eine zweistufige Fernrakete entwickelt werden, die in der Lage sein sollte, den Atlantik zu überqueren. In der A9 mit den bereits erwähnten zwei Tragflächen sollte ein Pilot Platz nehmen und die Lenkung des Geschosses bis zum Ziel übernehmen. Der im Kopf der A9 sitzende Pilot konnte sich mitsamt seinem Sitz von der Rakete absprengen und anschließend mittels eines Fallschirmes sicher zu Boden gelangen.
Die A10 sollte bei einer Länge von 29 m einen Durchmesser von 3,35 m haben, dabei 87 t schwer sein und 72 t Treibstoff fassen. Das Vorderteil war für die Auf-

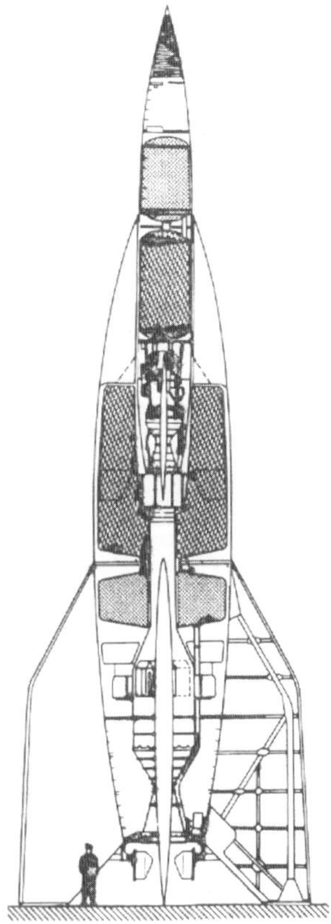

Abbildung 13: Skizze der A9/10

nahme der A9 eingerichtet. Das Mittel- und Endstück trugen den Treibstoff und die Turbotriebwerke. Nach Erreichen einer Höhe von etwa 180 km in nicht mehr als einer Minute, bei einer Fluggeschwindigkeit von 4320 km/h, erfolgte die „Stufentrennung“: Die A9 flog weiter, während die A10 an einem überdimensionalem Fallschirm zur Erde schwebte. Nach dieser Loslösen sollte die A9 eine Geschwindigkeit von 10 000 km/h erreicht haben und nun mit eigener Kraft bis auf eine Höhe von 350 km weitersteigen, um dann in einen leicht geneigten Horizontalflug überzugehen, wobei mit einer Endgeschwindigkeit von 7850 km/h gerechnet wurde.

Mit 80 000 kg Treibstoff plante man, eine Sprengladung von 1000 kg in etwa 35 Minuten nach den Vereinigten Staaten zu tragen, eine scheinbar sehr unökonomische Rechnung. In einem Krieg wird jedoch nicht nach den Gesichtspunkten der Sparsamkeit gehandelt, sondern nach rein militärischen und politischen Erwägungen. Allein die Tatsache, daß deutsche Ferngeschosse auf

New York und andere Städte gefallen wären, würde den Wert einer solchen Waffe gerechtfertigt haben, einmal ganz davon abgesehen, daß solch ein gewaltiges Geschoß sicher auch nach Hitlers persönlichem Geschmack kam, hatte er doch schon an der V1 seine helle Freude...

Abbildung 14: Die A 4-B

Es gab noch eine Vielzahl weiterer Entwicklungen von Raketen und ähnlichen Fluggeräten, von denen ich nur einige an dieser Stelle aufzählen möchte. Dazu gehörten: Rheinbote, Feuerlilie, X4, Taifun, Wasserfall, die Bachem-Natter u.a.m.

Über sie alle zu berichten würde bei weitem den gesteckten Rahmen dieses Buches sprengen. Die kurze und zugebenermaßen unvollständige Auflistung aber zeigt, daß es durchaus Gründe geben könnte, heute noch den Mantel der Verschwiegenheit über bestimmte Angelegenheiten zu decken. Sehr wahrscheinlich sind nicht alle Projekte der damaligen Zeit öffentlich gemacht worden. Andere Informationen wurden verdreht oder entstellt.

Nurflügler

Das Informationen verdreht und entstellt wurden, läßt sich beispielsweise anhand gewisser Aussagen zu Nurflügel-Konstruktionen nachweisen. Bis heute wird wider besseren Wissens behauptet, der bekannte US-amerikanische „Stealth"-Fighter F-117A und der noch eindrucksvollere Bomber B 2, jene für Radar „unsichtbaren" High Tech-Flugzeuge der US Air Force, seien eine reine Eigenentwicklung. Begründet wird das mit dem Hinweis darauf, daß man doch angeblich in den vierziger Jahren noch fast nichts über Radar wußte, mithin also auch kein „Anti-Radar-Flugzeug" entwickeln konnte. Die verräterischen „Rundungen" und Formen der deutschen Horten-Nurflügelflugzeuge, die mit den modernen US-amerikanischen Konstruktionen eine nicht zu leugnende Ähnlichkeit aufweisen, entsprächen eher aerodynamischen Gesichtspunkten denn einer beabsichtigten „Stealth"-Fähigkeit...
Dies ist eine typische Halbwahrheit, denn sowohl die USA als auch Deutschland forschten emsig auf dem Gebiet der Radarunsichtbarkeit. Aus den wenigen verbliebenen Unterlagen über die Horten-Maschinen geht eindeutig hervor, daß ihre Form natürlich auch aerodynamische Vorteile mit sich brachte, die radartechnischen Gesichtspunkte aber durchaus bekannt waren. Darüber hinaus sollten die Horten-Flugzeuge mit einem speziellen Anstrich versehen werden, der gegen Kriegsende beim Konzern I.G. Farben in Frankfurt/M. entwickelt wurde und den Radarquerschnitt der Flugzeuge weiter verringert hätte. Der damit verbun-

dene taktische Vorteil ist somit ganz offensichtlich und läßt massive Zweifel an den bisherigen Darstellungen aufkommen.
Neben Alexander Lippisch beschäftigten sich - wie erwähnt - insbesondere die Gebrüder Horten mit der Entwicklung von Nurflüglern. Bereits der zweite Versuch mit einer Ho-II wurde mittels eines kleinen Hilfsmotors ausgeführt (der erste Prototyp war ein Segler). Nach guten Ergebnissen, die die Flugversuche lieferten, wurde die Ho-V mit zwei Hirth-Hm-60-R-Motoren ausgestattet und erreichte mit den 2 x 80 PS eine Geschwindigkeit von 260 km/h bei einem Fluggewicht der Maschine von 1,1 t.
Dieser Motormaschine folgte wiederum eine Seglerausführung, die allgemeines Aufsehen erregte, weil sie bei einer Flügeltiefe von nur 90 cm eine Spannweite von 16,0 m besaß. Die nachfolgende Ho-VII wurde erneut mit Motoren ausgerüstet, von denen jeder eine Leistung von 240 PS erzielte. Sie war als Vorläufer der Ho-IX vorgesehen, einem schwanzlosen Turbojäger, von dem sich die Gebrüder Horten viel versprachen.
Die Amerikaner brachten 1945 die letzten Prototypen in die USA, wo sie mit hoher Wahrscheinlichkeit weiterentwickelt wurden. Freilich wird behauptet, der amerikanische Flugzeugkonzern Northrop habe nur eigenes Wissen verwendet. Die Ähnlichkeiten zwischen der Horten-IX und der B2 lassen jedoch anderes vermuten. Und der spezielle Anti-Radar-Anstrich, der von I.G. Farben entwickelt wurde, spricht eindeutig dafür, daß die deutschen Nurflügler im Falle eines Militäreinsatzes als „Stealth"-Maschinen konzipiert wurden.

Ohrdruf's V-Waffen Fabrik

Welche Beweise gibt es?

Richtig, wie nicht anders zu erwarten ist, es gibt keine. Was es aber gibt, sind viele Spuren, Hinweise, Aussagen, Merkwürdigkeiten und Vorkommnisse, die nachdenklich machen. Eine dieser Merkwürdigkeiten besteht in dem Umstand, daß die Berichte von damaligen Häftlingen, Zeitzeugen also, über lagerinterne Vorkommnisse, die Arbeit in den Steinbrüchen oder an „unverdächtigen" Orten als historische Tatsachen akzeptiert und in keinster Weise angezweifelt werden. Sobald aber ein ehemaliger Häftling berichtet, er habe in einer anderen V-Waffen-Fabrik als im Mittelwerk gearbeitet, wird seine Aussage plötzlich mit einem anderem Maß gemessen: Man spricht dem Zeugen ein korrektes Erinnerungsvermögen ab und behauptet stattdessen, er habe die Orte miteinander verwechselt und müsse „in Wahrheit" den Raum Nordhausen meinen... Warum diese Doppelzüngigkeit? Hat Nordhausen sozusagen als „Vorzeige-V-Waffenfabrik" zu gelten? Oder sollen andere, bis dato nicht bekannte Untergrundinstallationen vom selben Typ ja nicht bekannt werden? Davon hat es doch jede Menge gegeben, wie mittlerweile freigegebene Berichte verschiedener US-amerikanischer Geheimdienste aus der Zeit des Zweiten Weltkrieges nunmehr eindrucksvoll bestätigen.[32] Überhaupt scheint das Thema „Geheimwaffen" unter

einem Dogma zu stehen; wehe dem, der behauptet, es seien noch viele Fragen ungeklärt...
So berichtet beispielsweise ein „Riese"-Häftling, daß auch in den dortigen unterirdischen Anlagen V-Waffen gebaut worden seien (zur Erinnerung: Die „Riese"-Einrichtung wurde nach „Olga" verlagert). Prompt wird jedoch erwidert, daß es sich hierbei um eine Verwechslung handeln muß. Begründung: Er war der einzige Häftling, der solches aussagte. Dabei gilt es jedoch zu bedenken, und das ist eine traurige Tatsache, daß Häftlinge, die an geheimen Projekten beteiligt waren, später oftmals umgebracht wurden, um die entsprechende Geheimhaltung sicherzustellen. Und wer weiß schon, was sich in den zugesprengten Stollen verbirgt? (In St. Georgen´s unterirdischem Düsenjäger-Werk war gar geplant, sämtliche Häftlinge ***und*** die Bevölkerung St. Georgen's unter dem Vorwand von Fliegeralarm in die Stollen zu rufen, um diese hernach zu sprengen).
Leider ist es auch aufgrund der mittlerweile vergangenen Jahrzehnte nur noch in seltenen Fällen möglich, die Häftlingsaussagen nochmals durch Neubefragung der Betroffenen einer Überprüfung zu unterziehen, um bezüglich der Ortsangaben sicherzugehen. Hier arbeitet die Zeit gegen jeden interessierten Forscher. Allerdings gibt es auch Ausnahmen. Durch einen wahren Glücksfall bekam ich Kontakt zu Joey Korn, dem Sohn eines ehemaligen Ohrdrufer Häftlings namens Abraham Korn.
Der Vater hatte über seine Erlebnisse während des Krieges ein Buch geschrieben, und der Sohn hatte sich oft mit ihm über diese Zeit unterhalten. Naturgemäß wür-

de ein Buch, welches alle Stationen eines damaligen Häftlingsdaseins beschreiben wollte, jeden Rahmen sprengen. So verwundert es sicher nicht, daß Ohrdruf nicht darin auftaucht. Dies hängt vor allen Dingen aber auch damit zusammen, daß Abraham Korn aufgrund eines glücklichen Umstandes nur wenige Tage in Ohrdruf verbringen mußte.
Für die Recherche aber sind die Erinnerungen, die sein Sohn an die Gespräche hatte, unschätzbar und schlicht sensationell:
„Mein Vater war als Häftling in Ohrdruf. Er und seine Kameraden mußten in einer unterirdischen V-Waffenfabrik arbeiten. Die Häftlinge waren auch unterirdisch untergebracht und kamen die ganze Zeit über nie ans Tageslicht; es war ein richtiges unterirdisches KZ. Ein Betreten war nur durch Stollen möglich. Teilweise haben er und seine Kameraden versucht, die V-Waffen zu sabotieren, indem sie Sand (wahrscheinlich in die Mechanik, Anm. d. Autors) beimischten."

Auf Nachfrage bestätigte Joey, daß es sich keinesfalls um Nordhausen gehandelt habe. Dies wisse er deswegen so genau, weil sein Vater dort auch einmal arbeitete, aber über Nordhausen getrennt berichtete. Es habe sich bei dem oben erwähnten Gebiet definitiv um Ohrdruf gehandelt.
Damit klärt sich plötzlich ein bis jetzt bestehender Widerspruch auf: In Berichten und Häftlingsaussagen werden Zahlen von 20 000 bis 30 000 Gefangenen genannt. SS-Obergruppenführer Kammler sprach in einem Bericht sogar davon, 80 000 Häftlinge zur Verfü-

gung stellen zu wollen. Offiziell aber gab es in Ohrdruf „nur" etwa 12 000 Gefangene. Diese Differenz in den Zahlenangaben blieb bisher ein Rätsel.
Setzt man voraus, daß in jenem unterirdischen Lager etwa so viele Menschen arbeiten mußten wie im Lager Ohrdruf selbst, kommt man genau auf die in den Aussagen genannte Zahl von Häftlingen.
Je länger die Recherche dauerte, desto mehr kristallisierten sich zwei Dinge heraus:

1. Es gab mindestens noch ein weiteres Häftlingscamp, welches bis heute nicht erfaßt wurde. Sein Einrichtungsdatum war vermutlich das Frühjahr 1944, etwa zeitgleich mit den Anfängen von „Riese".

   Damit verbunden ist nachfolgend

2. die Bauarbeiten müssen schon vor dem bisher angenommenen Zeitpunkt Herbst 1944 begonnen haben.

Und genau dies konnte nunmehr bewiesen werden! Vom Roten Kreuz erhielten wir die Aussagen mehrerer Häftlinge, von denen zwei genau die Thesen belegen, die schon vor Kenntnis dieser Aussagen aufgestellt wurden. Die erste Aussage definiert zweifelsfrei, „Das Lager Ohrdruf wurde im **April 1944"** eröffnet! Hierbei kann nun niemand die Schutzbehauptung aufstellen, es habe sich um eine Datumsverwechslung gehandelt. Eine etwaige Unterstellung, der Häftling habe den April 1945 gemeint, widerspricht jeglicher Logik, denn da war der Krieg ja fast schon beendet.
Die zweite Aussage ist genauso erstaunlich. Sie beschreibt in kurzen Worten einerseits das Lager, ande-

rerseits die Tatsache, daß „... in acht verschiedenen Bergen gearbeitet wurde". Sie bestätigt also die Annahme, daß es weit mehr unterirdische Anlagen als die uns bisher bekannten geben muß.
Bisher lagen nur einige wenige Aussagen und Berichte vor, die von einer V-Waffenfabrik bei Ohrdruf sprechen. Kogon erwähnt beispielsweise folgendes:
„60 km SW von Buchenwald entfernt befand sich ein anderes Arbeits-Außenlager, Ohrdruf, bekannt als eines von Hitlers unterirdischen Hauptquartieren. 12 km von Ohrdruf beherbergten riesige unterirdische Stollen eine V-Waffen Fabrik. 10 000 Gefangene bauten die Tunnel unter denselben Arbeitsbedingungen, wie sie auch in DORA herrschten. Nur einige überlebten."[33]

C. G. Feig beschreibt in „Hitler's Death Camps" dasselbe Szenario. Einige wenige Häftlingsaussagen sprechen ebenfalls hiervon. Wären diese Berichte von vornherein eingehender, und vor allem unvoreingenommener untersucht worden, so hätte es schon viel früher auffallen müssen, daß es ***mindestens zwei***, räumlich getrennte, Baustellen gab. Einmal die Baustelle Jonastal und dann einen Bereich zwischen Crawinkel und Luisenthal.

Zwischen Crawinkel und Luisenthal

Ist man tatsächlich bereit, ein unterirdisches KZ mit sich möglicherweise anschließender V-Waffenfertigung zu akzeptieren, muß man zuallererst einmal eine geeignete Örtlichkeit finden, die eine solche Installation beherbergen könnte. „Geeignet" bedeutet in diesem Fall, daß vor allen Dingen die Infrastruktur, in direktem Zusammenhang mit einer für den Stollenbau gut geeigneten Stelle, vorhanden sein muß. Über letzteres gibt Herz Zuckermann in seiner Aussage beredte Auskunft, denn er spricht von *zwei* Camps, und *zwei* Baustellen:

„Camp Ohrdruf befand sich auf dem Truppenübungsplatz. Dort waren etwa 1000 bis 1500 Gefangene. Die Verwaltung bestand gänzlich aus SS. Essen gab es einmal am Tag, nachmittags. Ich mußte zusammen mit etwa 30 oder 40 Leuten in einer Abteilung arbeiten; zusammen mit den anderen Abteilungen befand sich unser Arbeitsplatz etwa 11 km vom Lager ..."

Über Crawinkel schreibt er:

„Wie einige der Außenlager von Ohrdruf, war dieses Camp ein Vernichtungscamp, eine Hölle. Die Verwaltung bestand aus SS, die Häftlinge waren in der Mehrheit Ukrainer, Ungarn, Rumänen, Polen, Franzosen und Belgier.

Das Lager befand sich in einem Wald und bestand aus mehreren Baracken. Man mußte auf Bretterpritschen schlafen und es gab keine sanitären Einrichtungen. Wir wuschen uns mit Schnee. Wir waren übersät mit Pusteln und Beulen. Der Arbeitsplatz war nahe beim

Camp in einem Berg; wir mußten große Hohlräume ausschachten, um Lagerplatz und Platz für Fabriken zu schaffen ..."

Herz Zuckermann muß einer der ersten Gefangenen gewesen sein. Er erwähnt „nur" etwa 1000 bis 1500 Häftlinge. Gegründet wurde das Lager laut CCP (Catalog of camps and prisons in Germany and Germany occupied territories) im November, in diesem Monat befanden sich dort aber schon 2500 Gefangene. Das ***bisher*** als Lager Crawinkel bezeichnete Camp auf dem Gelände des ehemaligen Munitionsdepots wurde erst um die Jahreswende 1944/45 eingerichtet.[34] Die Häftlinge wurden dort in Erdbunkern untergebracht. Dieser Aussage zufolge haben also bergmännische Arbeiten in der Nähe Crawinkels bereits weit ***vor*** dem November 1944 begonnen. Ein weiterer Zeuge, Rolf Baumann, wird in einem Buch zum Thema mit dem Hinweis erwähnt, er sei im September eingetroffen.[35] Ich persönlich halte dies für noch nicht einmal den frühesten Zeitpunkt, sondern lege die Anfänge eines „Crawinkel-Baues" in den Zeitabschnitt des Baubeginns von „Riese", nämlich das Frühjahr 1944, wie dies ja auch die Aussage des Häftlings weiter vorne belegt.
Da sich nun das von Zuckermann beschriebene „Crawinkel-Camp" (im folgenden als Crawinkel II bezeichnet) nicht dort befunden hat, wo es angeblich mindestens 3 Monate später eingerichtet wurde, nämlich auf dem ehemaligen Munitionsdepot, wo war es dann?
Nun, es mußte an einem Platz liegen, der von der Bevölkerung nicht gut einsehbar war. In Hinblick auf die

Erwähnung von „unterirdischen Fabriken" und der Aussage „... der Arbeitsplatz war nahe beim Camp..." ist außerdem auf einem Ort zu schließen, der einen unmittelbaren Schienenanschluß hatte, damit diverses Material möglichst einfach angeliefert werden konnte. Diese Punkte treffen eigentlich nur auf einen einzigen Ort zu, nämlich auf den Raum zwischen Crawinkel und Luisenthal, wie die auf dieser Seite befindliche Karte dokumentieren soll.
Nimmt man ein Camp etwa in der Mitte von „A" an, so beträgt die Entfernung zur Eisenbahnlinie Crawinkel-Ohrdruf etwa 250 Meter. Bis zum Fuße des Kien-

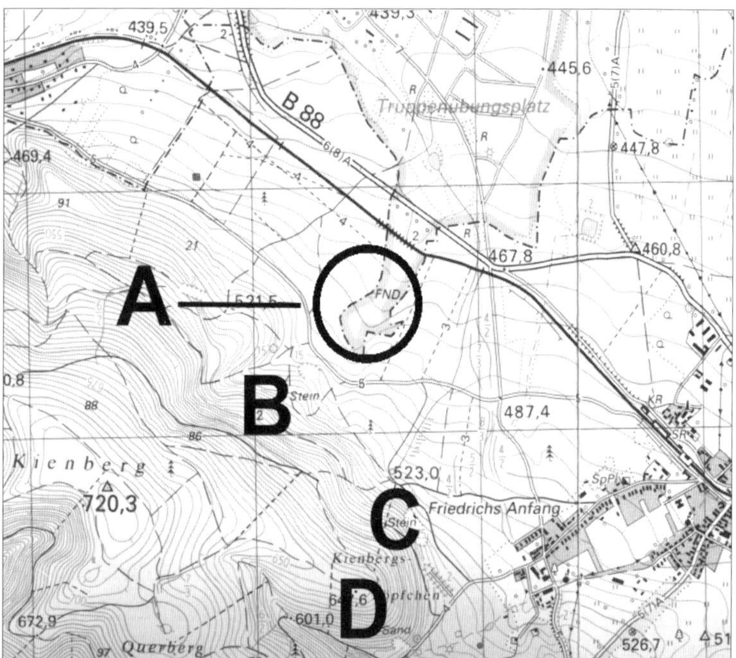

Abbildung 15: Möglicher Standort von Crawinkel II

berges, der mit seinen teils steilen Hängen gut für den Stollenbau geeignet ist, sind es etwa 500 m.
Zudem gibt es noch einen anderen Grund für die gute Eignung dieses Areals aus bergbautechnischer Sicht: Im Gegensatz zum Jonastal herrscht hier Sandstein vor, ein Umstand, der einen noch schnelleren Stollenvortrieb ermöglicht hätte.

Die genannten Entfernungen entsprechen also Zuckermanns Aussage von „der nahen Arbeitsstelle im Berg". Zudem gibt es in der unmittelbaren Umgebung (in der Karte charakterisiert als „B" mit ca. 500 m und „C" mit ca. 1000 m Luftlinie vom angenommenen Lager Crawinkel II entfernt) zwei Steinbrüche. Häftlinge sprechen in diesem Zusammenhang von „Steinbruchbergwerken", was bedeuten könnte, daß die Stollen ihren Ursprung in einem Steinbruch hatten. Dies wäre auch vollkommen logisch, denn unterirdische Bauten nahmen ihren Ausgang vorzugsweise an einem solchen Ort, da hier sofort eine ausreichende Überdeckung gegeben war. Treibt man hingegen einen Stollen in einen Hang, so bleiben, selbst bei einem Steilhang, die ersten Meter relativ ungeschützt.
Auch bezüglich Korns Aussage von einem „unterirdischen KZ" ergeben sich keinerlei Widersprüche, im Gegenteil: Waren dort wirklich Tausende von Gefangenen untergebracht, so mußten diese möglichst ungesehen dorthin kommen. Bei einem Anmarsch, der von vielen hätte beobachtet werden können, wäre sicherlich irgendwann die Frage nach dem Verbleib dieser Menschen gestellt worden. Und allem Anschein

nach sollte diese Fabrik nicht so publik werden, wie dies bei „Dora"-Nordhausen der Fall war. Auch die Versorgung von so vielen Gefangenen hätte Aufmerksamkeit erregt. Selbst bei den geringen Mengen an Nahrung, die sie bekamen, wäre es letztlich immer noch eine gewaltige tägliche Lieferung gewesen.
Doch zurück zu Korns Aussage, er und seine Kameraden hätten versucht, die Produktion durch Beimengungen von Sand zu sabotieren. Im Jonastal herrscht Kalkstein, in Nordhausen Anhydrit (Gips) vor. Der Kienberg aber besteht zum großen Teil aus Sandstein, so daß es in den Stollen Sand gegeben haben muß, der unauffällig benutzt werden konnte.

Welche Art von Produktion?

Diese Frage zu beantworten ist weit schwieriger, als die Lokalisierung eines wahrscheinlichen Camps. Eben auch weil über große Teile der deutschen Geheimwaffen-Produktion nichts bekannt ist. Allerdings gibt es, zieht man die bekannten Vorkommnisse in Betracht, nicht allzuviele Möglichkeiten für die Beantwortung dieser Frage.

Eine reine V2-Fertigung ist wohl ziemlich auszuschließen. Dies würde eine Geheimhaltung in dem Ausmaß, wie sie nachweislich betrieben wurde, in keinster Weise rechtfertigen. Allerdings gibt es auch hier wieder ein „aber“. Denn es existieren eindeutige Dokumente, wie etwa Transportpapiere, die belegen, daß noch während der Stollenbauarbeiten im Jonastal, also zu einem Zeitpunkt, als offiziell noch überhaupt keine Produktion stattfinden konnte, große Materialverlagerungen von Nordhausen-„Dora“ nach S III (Ohrdruf) realisiert wurden. Darunter befanden sich z. B. Stanzmaschinen, Pressen usw.[36] Stellt sich mithin die Frage, wo all diese Maschinen untergebracht worden sind? Interessanter wäre aber noch eine Antwort auf die Frage, ***weshalb*** sie überhaupt verlagert wurden? Zieht man weiterhin in Betracht, daß „Dora“ laufend über Materialmangel klagte, obwohl die V2 unzweifelhaft als „kriegswichtig“ bzw. „kriegsentscheidend“ erachtet wurde, so muß das zu produzierende Gut noch weitaus wichtiger gewesen sein als die V2-Waffe.

Nach den gelieferten Maschinen zu urteilen kommt eine Raketenwaffe am ehesten in Betracht, jedoch, wie

ich bereits ausführte, keine V2. Was bleibt also übrig? Die geflügelte V2 mit ihrer nur geringfügig größeren Reichweite? Nicht anzunehmen. Im übrigen ist davon auszugehen, daß keine „konventionelle" Rakete einen Geheimhaltungsgrad erfordern würde, wie er hier vorgeführt und - was die Dokumente angeht - noch heute praktiziert wird. 30 Jahre Schweigsamkeit hätten wohl sicherlich ausgereicht, wenn das, was gebaut wurde, konventioneller Natur im Sinn der uns bekannten Entwicklungen gewesen wäre. Das sollte auch deshalb plausibel erscheinen, weil der Erzfeind der USA im Kalten Krieg, die damalige Sowjetunion nämlich, spätestens Anfang der siebziger Jahre weit über das Stadium der V-Raketentechnik hinausgekommen war.
Eine andere Möglichkeit für die Klassifizierung wäre der von Speer[37] auf das Entschiedenste verneinte, geplante Einsatz von Tabun oder Sarin gewesen. Man könnte vermuten, daß in Ohrdruf spezielle Nervengassprengköpfe auf Raketen hätten montiert werden sollen. Aber dies scheidet auch aus: Dazu hätte man dort keine Raketen ***bauen*** müssen, sondern es hätte sicher ausgereicht, bereits produzierte V2 umzubestücken. Auch eine Jägerfertigung ist sehr unwahrscheinlich. In einem solchen Fall hätten Häftlinge sicher nicht von V-Waffen, sondern Flugzeugen gesprochen.
Berücksichtigen wir aber bitte bei unseren Überlegungen, daß ein direkter Zusammenhang zwischen „Riese" und „Olga" bestand. Nach den aus „Riese" vorliegenden Aussagen handelte es sich u. a. um eine V2-Produktionsstätte, die allerdings, wenn auch bisher nur gerüchteweise belegbar, in Verbindung mit einer so-

genannten „Atomfabrik" stand.
Wie wir sehen, ergeben sich also Verbindungen zur Atomforschung, die sehr wahrscheinlich an die Raketentechnologie als Trägermittel geknüpft wurde. Wie wir noch sehen werden, sind das beileibe keine leeren Worthülsen. Die vermuteten Zusammenhänge sind offensichtlich. So gab ein weiterer Augenzeuge, Peter Fritsche aus Leipzig, der bei der Technischen Nothilfe in Crawinkel und Ohrdruf arbeitete, folgendes zu Protokoll:
„... Ständig mußten Anfang März 45 Bestandteile des OKH ausgeladen werden. Ein sogenannter Höhepunkt war das Treffen von Himmler, Sauckel, Darre, Ribbentrop und Speer im Gasthaus >Deutsches Haus< in Luisenthal. Hierzu war besondere SS eingesetzt. Auf jeden diensthabenden Bahner kamen 2 SS-Leute. Um 11 Uhr mußten wir den Bahnhof verlassen, dann fuhren einige Fahrzeuge in den Ort und kamen gegen 14 Uhr wieder zurück.
Man sagte, auch Hitler sei dabei gewesen. Nach diesem Treffen wurden die Arbeiten verstärkt. Mit dem Sonderzug des FHQu, der bei Crawinkel stand, war auch der Wagen von Compiegne mitgekommen. Bekannt wurde durch SS-Leute, daß bei dem Treffen in Luisen-thal über die Wunderwaffe gesprochen wurde, und dazu Forscher aus Stadtilm einen Vortrag vor Hitler hielten."[38]

Noch konkreter ist ein Hinweis, der von einem anonymen Zeugen stammt, allerdings weitreichende Schlußfolgerungen zuläßt, die in bezug auf die deutsche

Atomforschung und beabsichtigte Entwicklung einer Atombombe von allergrößter Bedeutung sein könnten und manche Ungereimtheit erklären würden:
„Mein Opa arbeitete zu Kriegszeiten mehrere Jahre im Raum Ohrdruf/Jonastal. Er bekleidete eine Stellung, die ihm Zutritt zu bestimmten Abschnitten geheimer unterirdischer Anlagen gestattete. Er erzählte mir noch vor einigen Jahren darüber folgendes: Die unterirdischen Stollen führten weit in die Tiefe des Bergmassives. Je tiefer es hineinging, desto höher wurde die Sicherheitsstufe. Nur mit bestimmten Ausweisen hatte man Zutritt zu den einzelnen Sperrzonen. Weit drinnen befand sich eine technische Anlage, an der Deutsche zusammen mit Vertretern einer ausländischen Macht (wahrscheinlich Japaner) Experimente durchführten. Die Anlage war ringförmig, wahrscheinlich handelte es sich um eine Art Fusionsanlage. Sie nahm im Inneren des Berges sehr viel Platz ein. (Die Auskunftsperson sprach von mehreren tausend Quadratmetern. Diese Angabe sei dahingestellt, d. A.) Für technische Experimente lagerte im Bergesinneren zudem ein gewisser Vorrat eines Edelmetalls."[39]
Bedarf es einen noch eindeutigeren Hinweises?!

Schon im Herbst 1944 wurden Pläne bezüglich der Interkontinentalrakete A9/10 und des „Sänger-Raketenbombers" neu aufgelegt, die im Zusammenhang mit dem schon erwähnten Angriffsplan auf New York standen. Verfolgt man die Hypothese der Entwicklung einer deutschen Atombombe weiter, so zeigt sich natürlich, daß es hierbei keinesfalls um hohe Stückzahlen

gehen konnte. Dafür wäre nicht genügend Uran vorhanden gewesen.
Geht man einmal davon aus, es habe nur eine einzige deutsche A-Bombe existiert, so erscheint es auf den ersten Blick fraglich, ob damit ein Krieg hätte gewonnen oder in seinem Lauf verändert werden können. Aber eben nur auf den ersten Blick... Der Einsatz einer solchen Waffe hätte eine ungeheure Wirkung gezeigt (wir wissen das ja aus den geschichtlichen Erfahrungen der Atombombenabwürfe über Japan, die zu einer sofortigen Kapitulation führten), wenn es gelungen wäre, diese Waffe außerhalb des europäischen Kriegsschauplatzes einzusetzen und sie mit einem damals nicht zu bekämpfenden Trägersystem dorthin zu bringen. Dieses Trägersystem war die A9/10...
Und was ist, wenn das Ohrdrufer V-Waffenwerk eben jene A9/10 bauen sollte? Und sich in unmittelbarer Nähe die Anlagen für die Produktion einer Nuklearwaffe befunden hätten?
Es darf nicht vergessen werden, daß erste Konstruktionsplanungen der interkontinentalen Rakete A9/10 schon im Juni 1940 vorlagen, somit mehr als 4 Jahre Zeit zu ihrer Weiterentwicklung blieb. Es wurde zwar bisher immer wieder behauptet, dies sei zugunsten der V2 unterblieben, würde aber allen Erfahrungen, wonach ein kleiner Stab in der Regel die Forschungsarbeiten an einem solch interessanten Waffensystem fortsetzt, widersprechen.
Dann hätte, bei allem gebührenden Respekt, sehr wohl der Kriegsverlauf noch geändert werden können. Und zwar aus rein psychologischen Gründen. Eine A-Bom-

be, montiert auf einer Interkontinentalrakete, und abgefeuert z. B. auf New York oder Washington, hätte die Alliierten mit Sicherheit so geschockt, daß ein Friedensabkommen möglich gewesen wäre. Die Alliierten hätten nicht mit Sicherheit sagen können, ob weitere Atombomben einsatzbereit waren, weshalb eine Fortsetzung der Invasion ungeahnte und nicht kalkulierbare Folgen hätte nach sich ziehen können.

Meiner Meinung nach ist klar, was in der Ohrdrufer V-Waffenfabrik gefertigt werden sollte: Träger für Nuklearwaffen. Hirngespinste? Beileibe nicht, denn wie heißt es in den Unterlagen zu S III?: „Rangiert über allen Rüstungsangelegenheiten und Geilenberg-Programm". Es wird vom „Notprogramm des Führers" gesprochen, und es heißt auch: „Mit Rücksicht auf die Geheimhaltung des Bauvorhabens kann keine Dringlichkeitsstufe allgemein mitgeteilt werden... Für die Beschaffung von Engpaßmaterial und Geräten usw. kann die Z 1 Stufe 4 9000 gegeben werden."
Bei dem „Notprogramm des Führers" handelte es sich um eine besondere Art von Waffen, die leider nicht näher beschrieben wird. In der von Hitler und Himmler unterzeichneten geheimen Kommandosache vom 31.1.1945 heißt es unmißverständlich:
„Die Produktion derjenigen Waffen, die im Notprogramm von mir festgelegt worden sind, ist derzeit wichtiger als Einziehungen daraus zur Wehrmacht, zum Volkssturm, Volksaufgebot oder zu anderen Zwekken. Ich ordne daher an, daß alle im Notprogramm beschäftigten Facharbeiter mit Ausnahme der Jahrgän-

ge 1928 und jünger von jeder Einziehung freizustellen sind, sofern sie nicht vollwertig vor allem durch Fachkräfte stillgelegter Betriebe ersetzt werden können.
Der für das Notprogramm erforderliche Transportraum ist zu stellen und darf nicht für andere Zwecke beschlagnahmt bzw. abgezogen werden. Kohle und Energie sind nach Möglichkeit im Rahmen der Einzelanweisungen des Reichsministers für Rüstung und Kriegsproduktion dem Notprogramm zuzuführen."

Dies räumt alle Zweifel aus: „Rangiert über ... Geilenberg-Programm" heißt im Klartext: War wichtiger als die Jägerfertigung, Treibstoffherstellung oder V2-Produktion. Selbst bei kritischer Betrachtung bleibt auf die Frage, was wichtiger als diese schon höchst kriegswichtigen Programme gewesen sein kann, nur eine Antwort übrig: Es muß sich um die Waffe gehandelt haben, von der sich Hitler (und nicht nur er) die Wende im Zweiten Weltkrieg versprach. Und dafür kann nach dem, was an Deutungen möglich ist, nur eine Nuklearwaffe in Frage kommen...

Deutsche Atombomben?

Will man diese Frage beantworten, ist man gezwungen, die deutsche Atomforschung zunächst mit einer Art Zeitraffer zu betrachten, denn es ist unmöglich, alle Aspekte der Erörterung einer solchen Frage aufzugreifen. Bis zum Anfang des Zweiten Weltkrieges war auf dem Gebiet der deutschen Atomforschung eine rasante Entwicklung zu registrieren, die daraufhin die Militärs aufmerksam werden ließ.

Im April 1939 landete auf dem Schreibtisch des Reichserziehungsministers Rust ein Schreiben des Physikers Georg Joos aus Göttingen, der schrieb, daß man auf einem kürzlich stattgefundenen Kolloquium über technische Verwendungsmöglichkeiten der Kernspaltung und die Vorzüge einer energieliefernden Uranmaschine diskutiert habe. Die Thematik sei es zweifellos wert, an allerhöchster Stelle vorgebracht zu werden.

Rust reagierte ungewohnt schnell und beauftragte Prof. Abraham Esau, den Präsidenten der Physikalisch-Technischen Reichsanstalt und Mitglied im Reichsforschungsrat, sofort mit der Einberufung einer Geheimkonferenz.

Auf dieser ersten Geheimsitzung zum Uranproblem, die in Berlin am 29. April 1939 stattfand, wurden eine Reihe von Festlegungen getroffen, die u. a. die in den böhmischen Gruben von Joachimsthal geförderten Uranerze allein deutscher Nutzung unterstellten. Darüber hinaus war vorgesehen, führende Kernphysiker zu einer Forschungsgruppe zusammenzufassen, die zielstrebig an der Herstellung einer sogenannten „Uranmaschine“ arbeiten sollte. Freilich konnte derartiges ziviles Interesse nicht lange unentdeckt bleiben. Auch das Oberkommando des Heeres begann sich für die Angelegenheit zu interessieren und baute sein eigenes Uranforschungsprojekt auf. Noch im Sommer 1939 richtete man im Heereswaffenamt ein selbständiges Referat für Kernphysik ein, mit dessen Leitung Kurt Diebner beauftragt wurde. In Gottow bei Kummersdorf, südlich von Berlin, erhielt Diebner die Möglichkeit, auf dem Versuchsgelände der Wehrmacht für Sprengstoffe und Geschosse sein Experimentierfeld abzustecken.

Als am 1. September 1939 der Zweite Weltkrieg ausbrach, besaß allein Deutschland zwei, wenn auch rivalisierende Gruppen, die im staatlichen Auftrag Uranforschung betrieben. Die Mitarbeit der benötigten Fachleute am Uranforschungsprojekt der Wehrmacht erzwangen die Militärs auf einfache Weise: Sie übersandten den Wissenschaftlern gleich in der ersten Septemberwoche Gestellungsbefehle, die die Experten direkt zum Heereswaffenamt einberief. Das zivile Parallelprojekt unter Esau war damit erst einmal auf Eis gelegt.

Diebner und der Leipziger Physiker Bagge, Assistent bei Prof. Heisenberg, entwarfen befehlsgemäß einen „Vorbereitenden Arbeitsplan zur Aufnahme von Versuchen für die Nutzbarmachung der Kernspaltung“. Im Rahmen dieses Programms wies man allen beteiligten Spezialisten gewisse Aufgaben zu, die entwe-

der theoretischer oder praktischer Natur waren.
Pflichtgemäß lieferte Werner Heisenberg Anfang Dezember 1939 seinen Bericht über „Die Möglichkeit der technischen Energiegewinnung aus der Uranspaltung“ an das Heereswaffenamt ab. Der Nobelpreisträger war in seiner Studie zu weitreichenden Schlußfolgerungen gelangt, die man heute als Meilenstein auf dem Weg zu einem Uranreaktor sehen muß. In der Studie hieß es, daß eine Anreicherung des Isotops U-235 geeignet sei, eine entsprechende Maschine anzutreiben bzw. einen Explosivstoff herzustellen, der die Explosivkraft der stärksten bisher bekannten Explosivstoffe um mehrere Zehnerpotenzen übertreffen würde.
Heisenberg verwies allerdings auch auf eine neue Variante, indem er vorschlug, normales Uran ohne Anreicherung von U-235 zu benutzen, wenn „... man Uran mit einer anderen Substanz verbindet, die die Neutronen verlangsamt, ohne sie zu absorbieren. Wasser eignet sich hierzu nicht. Danach erfüllen nach bisher vorliegenden Daten schweres Wasser und ganz reine Kohle diesen Zweck. Geringere Verunreinigungen können die Energieerzeugung unmöglich machen.“

Schweres Wasser, D_2O, ist eine Verbindung des Wasserstoffisotops Deuterium. Im normalen Wasser, H_2O, ist die schwere Modifikation nur zu 0,015 % enthalten. Auf einen Liter gewöhnlichen Wassers kommt also etwa ein Tropfen schweren Wassers. Um Schwerwasser zu produzieren, bedarf es langwieriger Elektrolyseprozesse, bei denen erhebliche Wassermengen zersetzt werden müssen.

Da nun aber, wie Heisenberg schätzte, für eine Uranmaschine mehrere Tonnen D_2O, zu ersten Untersuchungen aber wenigstens einige 100 Kilogramm benötigt würden, erschien die andere Variante verlockender. Letztlich erwies sie sich jedoch als (damals) nicht machbar, so daß sich Heisenberg entsprechend korrigierte und allein schweres Wasser als brauchbaren Moderator für einen Uranbrenner angab.

So geimpft, sandten das Heereswaffenamt und andere Behörden ihre Spezialisten aus, um dieses rare Produkt zu sichern. Es gab nur eine einzige Bezugsquelle, die riesenhaften Elektrolysieranlagen der Firma Norsk Hydro in Rjukan, 120 km westlich Oslos. Der Versuch, den 185 kg-Vorrat der Firma an schwerem Wasser einzukaufen, schlug allerdings fehl. Französische Atomspezialisten hatten ihre Regierungsvertreter dazu bringen können, die bestehenden Vorräte aufzukaufen und nach Frankreich zu transportieren.

Als dann jedoch deutsche Truppen auch Norwegen besetzten und ihnen die einzige Schwerwasser-Produktionsanlage unbeschädigt in die Hände fiel, änderte sich die Situation für die deutsche Atomforschung binnen kürzester Zeit. Norsk Hydro wurde unter Druck gesetzt und mußte sich verpflichten, die Produktion zu steigern und einzig Deutschland mit schwerem Wasser zu beliefern.

Diesem Teilerfolg sollten sich weitere hinzu gesellen, als deutsche Truppen beim Einmarsch in Belgien die Vorräte des größten Uranexporteurs der Welt, der belgischen Firma Union Minière, die das Erz im afrikanischen Kongo abbauen ließ, beschlagnahmte.

Als Frankreich kapitulierte, gelangten deutsche Atomexperten in den Besitz des französischen Zyklotrons. Allerdings konnten sie nicht die Schwerwasservorräte erbeuten, diese waren vorher auf abenteuerlichen Wegen nach Großbritannien gebracht worden.
Trotz dieses Mißerfolges hatte die deutsche Atomforschung eine erstaunliche Ausgangsposition erreicht. Wie der englische Historiker David Irving formulierte, konnten die Deutschen zu dieser Zeit im Wettlauf um den Bau einer Atombombe mit einem beängstigenden Vorsprung aufwarten. Sie besaßen die einzige Schwerwasserfabrik der Welt und ein bald einsatzbereites Zyklotron, hatten Tausende Tonnen Uranrohstoffe in ihren Besitz gebracht und verfügten über einen Stamm von Wissenschaftlern und Spezialisten, die im Auftrag der Wehrmacht militärisch orientierte Atomforschung betrieben.
Angesichts all dieser Tatsachen erscheint es heute unglaubwürdig, wenn nach rasanten Fortschritten das deutsche Atomforschungsprojekt in teilweise völligen Stillstand umgeschlagen sein soll, wie immer wieder behauptet wird. Beweise für diese abschwächende Behauptung gibt es eigentlich keine. Die nach dem Krieg aufgezeichneten Aussagen der beteiligten Wissenschaftler, sie hätten für die Nazis *keine* Bombe gebaut, sind für mich kein Beweis und entsprechen auch nicht der Wahrheit. Wer würde, nachdem alles vorbei ist und man sich mit den neuen Herren arrangieren mußte, schon zugeben, er habe solch eine Waffe für ein politisches System entwickelt, das nach dem Krieg de facto nicht mehr vorhanden war?!

Wie auch immer: Im April 1942 unterzeichnete Göring einen Erlaß, der alle Entwicklungsvorhaben untersagte, die lediglich „Nachkriegsinteresse“ besaßen. Generaloberst Fromm, Oberbefehlshaber des Ersatzheeres, meinte Ende April 1942 in einem vertraulichen Gespräch mit dem Rüstungsminister Speer, daß der Krieg nur mit einer völlig neuen Waffe gewonnen werden könne. Er habe Kontakt mit einem Kreis von Wissenschaftlern, die einer solchen Waffe auf der Spur wären, die ganze Städte vernichten könne.
Am 4. Juni 1942 befahl Speer die führenden Wissenschaftler des „Uranvereins“ - unter anderem Hahn, Heisenberg, Diebner, Harteck und Wirtz - zum Rapport, damit er endlich selbst einen zuverlässigen Einblick in den Stand der Dinge und die Aussichten der Uranforschung erhalte. An dieser Besprechung, die geheimgehalten wurde, nahmen auch führende Militärs teil, die sich eine Aufklärung über eine in Reichweite gerückte neue Waffe erhofften.
Die mit der jüngsten Entwicklung nicht vertrauten Mitglieder der Kaiser-Wilhelm-Gesellschaft, die ebenfalls zugegen waren, waren ziemlich geschockt, als man aus Otto Hahns Mund die aufgefundenen Möglichkeiten der Kernspaltung und einer daraus resultierenden Atombombe erfuhr.
Generalfeldmarschall Milch wollte wissen, wie groß eine Atombombe sein müsse, damit man eine Großstadt wie London dem Erdboden gleichmachen kann. Heisenberg erwiderte zögernd, daß eine solche Bombe Ananas-Größe habe. Freilich wurden daraufhin die Militärs hellhörig. Heisenberg mußte seine gesamte

Überredungskunst aufbringen, um die aufgekommene Begeisterung zu dämpfen: Gegenwärtig sei die Herstellung einer solchen Bombe wirtschaftlich nicht möglich. Sie lasse sich ohnehin nicht in sechs oder neun Monaten anfertigen, wie gefordert. Dazu sei ein ungewöhnlich hoher materieller und finanzieller Aufwand nötig.
Speer antworte daraufhin barsch, daß er als Rüstungsminister die notwendigen Mittel in jeder Höhe beschaffen könne, wenn das Projekt lohne (und letzteres tat es mit Sicherheit angesichts der ersten alliierten Luftangriffe). Speer forderte von Weizsäcker auf, den nötigen Betrag zu nennen. Als letzterer eine Summe von 40 000 RM nannte, sahen sich Milch und Speer an und schüttelten über soviel Weltfremdheit und Naivität nur die Köpfe. Speer schrieb später: „Ich hatte bereits eine Summe von 100 Millionen Reichsmark als passend ausgedacht, als von Weizsäckers Antwort kam."
Die soeben geschilderte Begebenheit macht deutlich, daß das Militär durchaus von einer Atomwaffe begeistert war. Die einzige Hürde, finanzierte Forschung in Größenordnungen zu betreiben, war nach Speers Worten kein wirkliches Hindernis: Geld. Erscheint es dann noch glaubhaft, daß in Richtung einer militärischen Nutzanwendung der Atomtechnologie Kraftanstrengungen unterblieben? Wohl kaum!

Auch die Alliierten plagten Ängste vor einer deutschen Atomwaffe. Die heutzutage vertretene, beschwichtigende Behauptung, derartiges Gerede sei auf eine gewisse Hysterie und Kriegsparanoia zurückzuführen,

ist nicht überzeugend.
„Anfang 1943 hielten wir es zum erstenmal für möglich", berichtete der Leiter des US-amerikanischen „Manhattan Projects" in seinen Lebenserinnerungen, „daß die deutsche Kernenergieforschung bis zu einem Punkt gediehen war, an dem Deutschland gegen uns oder, was wahrscheinlicher schien, gegen England Atombomben einsetzen konnte."
Als sich dann die westlichen Alliierten auf die geplante Invasion Frankreichs vorbereiteten, war es wieder General Groves, der den alliierten Einsatzstab vor radioaktiv verseuchten Sperrgebieten warnte, die die deutschen Truppen hinterlassen könnten. Das war im März 1944.
Groves drückten aber noch andere Sorgen. Seit Ende 1943 drohten die Naziführer plötzlich mit schrecklichen Vergeltungswaffen. Im Beisein von Keitel und Außenminister Ribbentropp brüstete sich Hitler am 5. August 1944 gegenüber dem rumänischen Diktator Antonescu mit seinen Geheimwaffen: der Flugbombe V1, der Rakete V2 und einer neuen Waffe mit der Bezeichnung V3, deren Entwicklung bis zum Experimentalstadium gediehen war und die in ihrer Wirkung so gewaltig sei, daß alles Leben im Umkreis von drei bis vier Kilometern vernichtet werde. Der Sprung von den jetzt üblichen bis zu diesen neuartigen Explosivstoffen sei - so meinte Hitler - größer als der von Schwarzpulver bis zu den bei Kriegsbeginn gebräuchlichen Sprengmaterialien.
Schließlich flatterte im November 1944 eine weitere Alarmmeldung auf Groves' Schreibtisch. Der General

gestand freimütig, daß ihm keine andere Nachricht während des Krieges einen solchen Schrecken eingejagt habe wie gerade diese: In Süddeutschland, in der Nähe von Hechingen, wohin die Deutschen nach letzten Meldungen ihre Atomforschung verlagert hatten, registrierte die alliierte Luftaufklärung zu dieser Zeit sehr verdächtige Ziele. Alles deutete darauf hin, daß es sich um ein Vorhaben von allerhöchster Dringlichkeit handelte. Die vorgelegten Luftaufnahmen stellten Groves vor die Frage: Entstand hier Deutschlands Oak Ridge, die Produktionsstätte für den atomaren Sprengstoff?

Um Klarheit über den Stand der feindlichen Uranarbeiten zu erhalten, hatte Groves bereits 1943 die Schaffung einer besonderen mobilen Abwehreinheit beim US-Kriegsministerium durchgesetzt. Sie sollte verhindern, daß Informationen über die deutschen Uranarbeiten in die Hände der heranrückenden Roten Armee fielen. Das deutsche Atomvorhaben mußte noch vor Kriegsende unter allen Umständen sabotiert werden.

Diese sogenannte Alsos-Mission verfügte über unbegrenzte Vollmachten und sollte ihre Ziele mit ebenso großer Unverfrorenheit verfolgen. Militärischer Leiter war der amerikanische Oberst Boris Pash, während die wissenschaftliche Betreuung Samuel Goudsmit übernahm.

Goudsmit war auch derjenige, der Mitte November 1944 in einem Stapel von Papieren herumstöberte, die in der Reichsuniversität von Straßburg zurückgelassen worden waren, als diese Stadt in einem überra-

schenden Angriff alliierter Streitkräfte erobert worden war. Unter den Aktenbergen fand Goudsmit zahlreiche Hinweise auf das deutsche Atomprojekt. Die erbeuteten Unterlagen, selbst ein zerrissener Brief an Heisenberg, der sich im Papierkorb befand, vermittelten ihm ein Bild vom Stand der Forschungsarbeiten im Sommer 1944. Sein Bericht an Groves war in diesem Sinne abgefaßt: Deutschland sei in der Atomforschung weit zurück. Die von Hitler angekündigte neue Wunderwaffe könne keine Atombombe sein.
Doch Groves wollte der Nachricht nicht recht glauben: Die Beute war ihm zu leicht in den Schoß gefallen. Er mißtraute dem zerrissenen Brief. Alles konnte vorgetäuscht und eine Finte der Deutschen sein.
Groves Meinung änderte sich erst, als US-Truppen schließlich das „letzte große Kriegsgeheimnis der Deutschen", Haigerloch und den dort in einer Höhle befindlichen Versuchsmeiler, in ihren Besitz bringen konnten. Seither heißt es offiziell, daß die deutsche Atomforschung weit hinter dem amerikanischen „Manhattan Project", das die US-Atombombe schuf, zurückgeblieben sei.

Man könnte dieser Lesart bedenkenlos zustimmen, wenn es nicht eine Reihe von Merkwürdigkeiten gäbe, die jeden kritischen Verstand zum Grübeln bringen.
Da sind beispielsweise die (freigegebenen) Berichte der Alliierten zum Thema der deutschen Atomforschung, u. a. resultierend aus den Verhören der an der deutschen Nuklearentwicklung beteiligten Wissenschaftler durch alliierte Spezialisten, die in Farm Hall stattfan-

den. Die Frage muß erlaubt sein: Wieso wurden die deutschen Wissenschaftler eigentlich ständig verhört, wenn sie doch angeblich, im Vergleich zum amerikanischen Manhattan Project, so weit zurücklagen? Hatte denn die Alsos-Mission nicht alle relevanten Fragen durch Auffindung der betreffenden Versuchsanlagen klären können? Oder gab es doch Hinweise dafür, daß die deutsche Atomtechnologie keineswegs soweit zurück war, wie man es der Öffentlichkeit glauben machen wollte?!

Es sieht immer mehr danach aus, als ob nicht die Amerikaner, sondern die Deutschen den Wettlauf um die Schaffung einer einsatzreifen Atomwaffe gewonnen haben. - Zugegeben, es hört sich wahrlich utopisch an. Und doch, fügt man das bisher aufgelistete Material zusammen und gleicht es mit einigen weiteren Punkten ab, ergeben sich Übereinstimmungen, bei denen wohl nicht mehr nur von Zufällen gesprochen werden kann.

Ich will an dieser Stelle nicht weiter darauf eingehen, ***warum*** Deutschland angeblich keine Atombombe haben konnte. Die entsprechende offizielle Darstellung wurde auf den vorhergehenden Seiten geliefert. Stattdessen möchte ich nunmehr einmal eine andere Sicht der Dinge präsentieren, auch wenn ich dazu erst noch einmal der bekannten Geschichtsschreibung folgen muß: Boris Pash, zuständig für die Sicherheit des Manhattan Projects und damit dem Bau einer amerikanischen A-Bombe, und der Wissenschaftler Samuel Goudsmit, folgten, wie bereits beschrieben, den vorrückenden US-Truppen auf dem Fuße, immer auf der

Suche nach deutschen Nuklearlaboratorien.
Der Autor Peter Goodchild führt in seinem Buch „J. Robert Oppenheimer, Shatterer of Worlds" auf Seite 110 aus:
„Sehr schnell begann sich ein Bild über den deutschen Forschungsfortschritt zu formen. Hitler hatte schon 1942 über die Möglichkeiten einer Nuklearwaffe gesprochen, und es gab eine ganze Reihe von Experimenten mit Uranreaktoren. Aber die entscheidenden Fakten waren, daß, auch noch im späten August 1944, die Experimente immer noch in einem sehr frühen Stadium waren. Weder hatten die Deutschen die notwendigen Informationen, daß eine explosive Kettenreaktion möglich ist, noch hatten sie das Material und die Mechanismen, um eine Bombe zu fertigen. Es war augenscheinlich, daß sich die Experimente seit 1942 kaum noch vorwärts bewegten.
Zwar argwöhnten einige Leute in Washington, Goudsmit's Abschlußbericht sei zu früh erschienen, die meisten aber glaubten daran."
In „Heisenbergs Krieg" wird Vannevar Bush, einer der amerikanischen Wissenschaftler, wie folgt zitiert:
„Die Nazis wollten eine Atombombe bauen, wir wußten das. Sie hatten eine genauso gute Chance dazu wie wir. In den 10 Jahren vor 1945 gingen wir davon aus, daß wir gleichauf lagen oder die Deutschen uns ein halbes Jahr voraus waren. Erst nachdem Stuttgart gefallen war, und die Alsos Mission begann, fanden wir heraus, daß die Deutschen nicht einmal die Grundlagen besaßen."

Will man allen Ernstes Glauben machen, sämtliche westliche alliierte Geheimdienste wären genasführt worden? Und daß die Amerikaner und Briten nicht wußten, wieweit die Deutschen wirklich waren und dies erst ***nach*** Kriegsende erfuhren? Man muß die alliierten Aufklärer für wahre Stümper halten, wenn man diese Behauptungen aufrechterhalten will. Dabei zeigt jeder Blick in zwischenzeitlich deklassifizierte Geheimdienst-Dokumente, die kriegswichtige deutsche Produktionsanlagen zum Inhalt haben, daß Amerikaner, Briten, Franzosen und auch Russen sehr wohl über Einzelheiten informiert waren. Wieso gibt es dann aber eine derart große Angst vor der deutschen Atomwaffe, die später der lapidaren Behauptung weicht, daß alles nicht so schlimm gewesen sei?
Das ist, wie gesagt, wenig verständlich, wenn man die Vorgehensweise und Erfolge der alliierten Nachrichtendienste bzw. deren Unterlagen kennt. So war zum Beispiel alles über die streng geheime V2-Produktion in Nordhausen bekannt, genau wie über die Werke in St. Georgen a. d. G., die die Me 262 fertigten. Es ist wirklich erstaunlich, daß die deutsche Nuklearforschung durch diesen Bericht plötzlich Jahre zurückkatapultiert wurde.
Was wäre aber, wenn der Bericht gefälscht worden ist? Und die deutschen Forscher eben doch soweit waren, wie ihre amerikanischen Kollegen glaubten, oder sogar noch weiter? Es würde einiges erklären. Zum Beispiel jene mysteriöse Bemerkung Oppenheimers, daß die auf Hiroshima geworfene Bombe deutscher Herkunft war. Und wie oft wurde bisher versucht, diese

Bemerkung zu relativieren, was aber nichts daran ändert, daß sie erfolgte.
„Am 6. Juli 1945 gaben die Verbindungschefs des Stabes (JCS) die Anweisung ... unter dem streng geheimen >Project Overcast< solle die intellektuelle Produktivität der Deutschen genutzt werden ... dies basierte auf der Annahme, die deutschen Wissenschaftler könnten im andauernden Krieg gegen Japan nützlich sein".[41]

Als die Alliierten das deutsche Atomforschungslabor in Haigerloch fanden, waren sie aufs äußerste erstaunt, daß es nur aus einem Stahlbetonreaktor, aufgebaut in einer Höhle, und zu klein um kritisch zu werden, bestand.
Nun plötzlich nahmen sie beträchtliche Probleme und ein geheimes Projekt in Kauf, um eben diese Wissenschaftler zur Zusammenarbeit zu bewegen? Wie sollten denn die Deutschen helfen, nachdem diese doch gar nichts wußten? Indem sie mit radioaktivem Stahlbeton nach den Japanern warfen?
Die häufig vertretene Auffassung, Deutschland habe es ohnehin an den nötigen fähigen Nuklearphysikern gefehlt, wird auch durch ständige Wiederholung nicht wahrer. Heisenberg lieferte die Grundidee und Diebner war ein ausgesprochen guter Praktiker. Zudem gab es noch viele andere, wie etwa Gerlach, Berkei, Esau und Rehbein, um nur einige zu nennen. Doch weiter:
„... die Deutschen hatten, unbemerkt von den alliierten Wissenschaftlern, einen beträchtlichen Vorrat an U-235 und schwerem Wasser angelegt, von jedem etwa zwei Tonnen."[42]

Hatte nicht ein deutscher Atomforscher behauptet, der Vorrat an U-235 sei nicht größer als eine Walnuß gewesen?
Daß nicht genügend schweres Wasser vorhanden war, ist eines der beliebtesten Argumente gegen eine deutsche Nuklearbombe. Wie man sieht, gibt es jedoch Hinweise darauf, daß dem nicht so ist.
Es gibt sogar noch einen weiteren Aspekt, der bisher noch nie beleuchtet wurde. Er betrifft das weiter vorn genannte Hydrierwerk bei Vermork in Norwegen: Am 16. November 1943 griffen 140 Bomber „Flying Fortress“das Werk an und zerstörten es endgültig, nachdem es bereits vorher in der Nacht des 27./28. Februar 1943 durch Sabotage schwer beschädigt worden war. Die verbliebene Lieferung von Fässern mit schwerem Wasser sollte, so heißt es weiter, mit einer Eisenbahnfähre nach Deutschland verschifft werden, doch auch dieses Vorhaben wurde sabotiert. Damit war die Produktion ausgeschaltet. Auch der Bau eines Reaktors mit der daraus resultierenden Möglichkeit einer Urananreicherung wurde vereitelt. Soweit zumindest ist es überliefert...
Hier wird allerdings eine Bemerkung Diebner‘s verschwiegen, die er gegenüber Dr. Wirz machte: Als einige Tage nach der Fährensabotage plötzlich Fässer mit schwerem Wasser in Deutschland ankamen, und Wirz erstaunt nach dem „Woher“ fragte, antwortete Diebner: „Dieses schwere Wasser ist der abgelassene Rest, welcher entstand, als das Hydrierwerk abgebaut und nach Deutschland verlagert wurde. Es war bekannt geworden, daß möglicherweise ein Anschlag auf die Fähre

geplant war, und so beförderte sie nur normale Wasserfässer; die echten wurden auf dem Landweg hergebracht."[42]
Folgt man Diebners Aussage, ist also im Herbst 1943 ein komplettes Schwerwasserwerk nach Deutschland verbracht worden. Weshalb diese erstaunliche Tatsache bisher so wenig Beachtung fand, wird wohl damit zusammenhängen, daß später (angeblich) von den Alliierten kein deutsches Werk dieser Art gefunden werden konnte.

Ein vorläufiges Fazit ergibt ein durchaus dem klassischen Dogma widersprechendes Bild. Die Deutschen hatten
- sehr wohl ausreichend schweres Wasser und Uran,
- schon immer ein Faible für mächtige Waffen,
- die bewährte Fähigkeit (wie bei den Jägern), weit fortgeschrittene Waffen zu entwickeln,
- die Idee zur Bombe und
- die nötigen Wissenschaftler.

Und alles, was angesichts der vorhandenen Kapazitäten herausgekommen sein soll, war ein etwas radioaktiver Stahlbeton in einer Höhle unter einer Kirche?

Überhaupt ist immer nur die Rede von Heisinger und dem Haigerlocher Labor. Von Stadtilm, dem anderen Atomforschungslabor, existiert hingegen so gut wie kein Material. Steckt ein Ablenkungsmanöver dahinter? Diese Vermutung liegt in der Tat nahe.
Allein der Versuch, Literatur über Diebner in die Hände zu bekommen, ist zum Scheitern verurteilt, denn es

gibt keine. Und obwohl das Atomforschungslabor in Stadtilm so eilig von den Amerikanern aufgesucht wurde, finden sich nur vereinzelt Hinweise darauf. Dasselbe gilt in bezug auf die Art der Arbeit, die von den dortigen Nuklearphysikern verrichtet wurde. Heisenberg selbst sagt, er habe nie die Absicht gehabt, eine Bombe zu bauen, was auch nicht verwundert, war er doch nach eigenen Aussagen kein „Nazi". Aber Diebner, der in Stadtilm tätig war, schon. Und zwar sogar ein Zweihundertprozentiger! Die Alliierten schätzen ihn im Sommer 1945 wie folgt ein: „Nach außen sehr freundlich, unangenehme Persönlichkeit, der man nicht trauen kann. Alle außer Bagge mögen ihn nicht." Ihm war es durchaus zuzutrauen, alle Kräfte für den Bau einer Bombe einzusetzen. Diebner muß mehr über eine Atombombe gewußt haben, als gemeinhin bekannt ist. Leider sind die Protokolle aus Farm Hall, zumindest alle in dieser Beziehung „aufschlußreichen", noch immer unter Verschluß.

Wie ahnungslos Heisenberg war, zeigt einer der wenigen Auszüge, die freigegeben wurden. Er dokumentiert die Reaktion auf die Radiomeldung, die Amerikaner hätten eine Bombe, die der Sprengkraft von zweitausend Zehntonnen-Bomben entsprach, zur Explosion gebracht:

Hahn: Wenn die Amerikaner eine Uranbombe haben, sind Sie alle zweitklassig. Armer Heisenberg.
Heisenberg: Haben sie im Zusammenhang mit der Bombe das Wort „Atom" gebraucht?
Wirtz: Nein.

Heisenberg: Dann hat sie mit Atomen nichts zu tun. Aber das Äquivalent von 20 000 Tonnen hochexplosivem Sprengstoff ist ungeheuer. Ich kann mir nur denken, daß irgendein Dilettant in Amerika weiß, sie hat das Äquivalent von 20 000 Tonnen hochexplosivem Sprengstoff, und in Wirklichkeit funktioniert sie überhaupt nicht.
Hahn: Auf jeden Fall, Heisenberg, sind Sie eben zweitklassig, und Sie können einpacken.
Heisenberg: Ganz Ihrer Meinung... Ich bin bereit zu glauben, daß es eine Bombe unter hohem Druck ist, aber ich glaube nicht, daß sie etwas mit Uran zu tun hat, sondern daß es ein chemisches Zeug ist, wodurch sie die Sprengkraft ungeheuer gesteigert haben...[43]

Die Fortsetzung der lebhaften Diskussion der zehn deutschen Kernphysiker ergibt sich aus einer Tagebuchnotiz, die Erich Bagge aus noch frischer Erinnerung niedergeschrieben hat. Heisenberg vertritt demnach ganz entschieden die Ansicht:
„Vielleicht haben sie einen neuen Sprengstoff mit atomarem Wasserstoff oder Sauerstoff oder so etwas Ähnliches. Hat Goudsmit nicht immer wieder gefragt, wieso wir Deutschen überhaupt solche Wissenschaft hätten machen können, während in Amerika die Physiker in >wahre< Kriegsphysik eingespannt wurden?"
Hahn ist zunächst sehr erschüttert, hofft dann, daß Heisenberg recht habe, weil er den Gedanken fürchtet, daß seine eigene Entdeckung kriegsmäßige Konsequenzen haben könne. Harteck schätzt ab, daß selbst unter günstigsten Bedingungen ein Sprengstoff mit

atomarem Wasserstoff oder Sauerstoff nur die zehnfache Brisanz haben könne als die bisher bekannte, während bekanntgegeben worden ist, daß die eine Bombe allein die Wirkung von 20 000 t Sprengstoff besessen haben soll. Da bleibt ja nur die Uran-Bombe! Von Laue und Gerlach sind sehr erschüttert. Gerlach hält die Sache für nur schwer glaubwürdig, verweist aber auf den nächsten Nachrichtendienst um 21 Uhr. Von Weizsäcker fragt Heisenberg nach seiner Meinung noch einmal genauer aus, und Heisenberg bestätigt von neuem, daß er versuchsweise die Sache obmal nicht glaube, obwohl nach Hartecks Bemerkung, die auch von Hahn unterstützt wurde, er etwas unsicher wurde und meinte, man müsse eben um 21 Uhr nochmals hören. Diebner hielt es hingegen für möglich, daß es sich um eine echte Atombombe gehandelt haben könne. Korsching unterstützt ihn in der Vermutung, daß die Amerikaner wohl mit der Isotopentrennung durch Diffusion den Sprengstoff erzeugt hätten.[44]

Abbildung 16:
Prof. W. Gerlach

Bleibt festzustellen, daß die einzigen Personen, die die

Existenz einer Uran-Bombe nicht weiter zu verwundern schien, Diebner und Korsching waren.
Nachdem bestätigt wurde, daß es sich tatsächlich um eine Uranbombe handelte, geht die Diskussion weiter:

Weizsäcker: Ich glaube, es ist uns nicht gelungen, weil alle Physiker aus Prinzip gar nicht wollten, daß es gelang. Wenn wir alle gewollt hätten, daß Deutschland den Krieg gewinnt, hätte es uns gelingen können...
Hahn: Das glaube ich nicht, aber ich bin dankbar, daß es uns nicht gelungen ist.
Bagge: Ich meine, es ist absurd von Weizsäcker, so etwas zu sagen. Das mag für ihn zutreffen, aber nicht für uns alle.[45]

Soweit diese wenigen Auszüge, die doch aber eines zeigen: Die einzigen beiden Personen in der Gruppe von Wissenschaftlern, die wohl wirklich als Nationalsozialisten gelten dürfen, sind gleichzeitig die einzigen, die sich nicht über den Bau einer amerikanischen Uran-Bombe wundern, noch der Auffassung entgegentreten, Deutschland habe durchaus früher eine solche bauen können. Schon hierdurch läßt sich belegen, daß es eine Trennung zwischen „Nazi-" und „Nichtnazi-" Wissenschaftlern gegeben hat. Somit ist es auch denkbar, daß Heisenberg und sein Team bewußt über mögliche Fortschritte anderer Gruppen, wie etwa Diebners, im unklaren gelassen wurden. Hinzu kommt die bekannte Tatsache, daß sich Diebner, der Pragmatiker, und Heisenberg, der Theoretiker, nicht mochten.

Abbildung 17: „Atomkeller" in Haigerloch, heute Museum

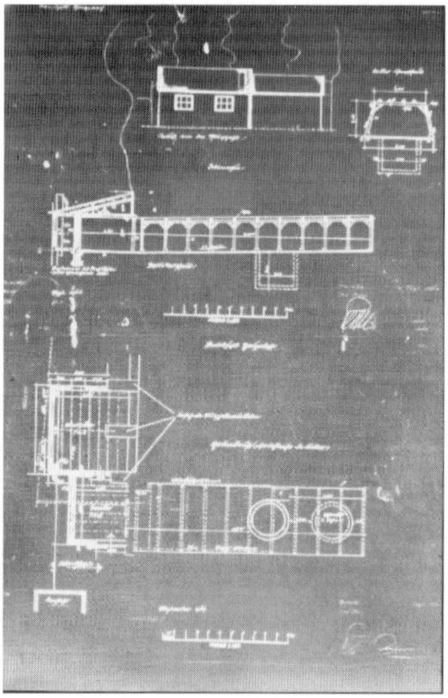

Abbildung 18: Skizze des Haigerloch-Kellers

Abbildung 19: US-Forscher in Los Alamos

Abbildung 20: Die Hiroshima-Bombe

Abbildung 21: Skizze des US-Reaktors; es existiert kein Foto!

Am 12. April 1945 besetzten die Amerikaner Diebners Labor in Stadtilm, am 21. April 1945 das Labor in Haigerloch. Drei Monate später wird die erste Testatombombe gezündet, schließlich am 6. August 1945 die erste Atombombe auf Hiroshima und dann, am 9. August, die zweite auf Nagasaki geworfen.
Pash und Goudsmit fanden mehrere Tonnen Uran. Sie verschifften es über Großbritannien nach Amerika. Dort wurde es in Uranhexafluorid umgewandelt und fand schließlich seinen Weg in Form von U-235 in die Hiroshima-Bombe...

Warum sind die wichtigsten Akten, die deutsche Atomforschung, Farm Hill und die Aussagen Speer's hinsichtlich Kammler betreffend, weiter unter Verschluß? Sie sind nicht, wie ursprünglich vorgesehen, nach Ablauf von 50 Jahren freigegeben worden, sondern bleiben weitere 30 Jahre geheim. Man kann sich in der Phantasie ausmalen, wie brisant die Unterlagen sein müssen, wenn selbst ein halbes Jahrhundert nicht ausreichte, um Gras über die Sache wachsen zu lassen.
Es gibt noch eine ganze Reihe weiterer Indizien, die aufzeigen, daß viele mit der Atomtechnologie zusammenhängende Aspekte äußerst widersprüchlichen Charakter haben. Ein Aspekt betrifft etwa die Frage, wieso die Reihenfolge der abgeworfenen Bombenarten nicht stimmt. Die Test-Atombombe war (angeblich) eine Plutonium-Bombe, die zweite, die auf Hiroshima fiel, eine U-235-Bombe. Auf Nagasaki schließlich ließ man wieder eine Plutonium-Bombe fallen...
Die Frage stellt sich beinahe von allein: War die Hiro-

shima-Bombe deutscher Herkunft?! Ein Indiz für diese Vermutung ist der Umstand, daß der auf dem deutschen Zielangriffsplan verzeichnete Vernichtungsradius für New York exakt mit dem des späteren tatsächlichen Einsatzziels Hiroshima übereinstimmt.

Abbildung 22: Schwerwassertanks

Schwerwasserwerk Ohrdruf?

Ich möchte diesen Abschnitt mit der Aussage eines Zeitzeugen einleiten, der über einige Beobachtungen informiert, die ihm im Gedächtnis haften geblieben sind. Es handelt sich hierbei um Studienrat Böttcher:
„Als das unterirdische Nachrichtenamt geschaffen wurde, da hat man mich auch um meinen Rat befragt. Das vor allem, als hier der Tiefbrunnen für das >Amt 10< in Angriff genommen wurde. Ich sagte damals, hier stoßen sie nicht auf Wasser. Aber die Leute ließen sich nicht beirren und meinten, sie müßten unbedingt Wasser finden, und wenn es noch so tief wäre. Die Grube, die zu dieser Zeit schon vorhanden war, hatte etwa die Ausmaße zwanzig mal sechzehn Meter. Für mich war diese Stelle sehr interessant, weil hier eine Menge Versteinerungen gefunden wurden. Ja, ich glaube, man hat die Bohrung auf zweihundert Meter niederbringen müssen, um überhaupt auf Wasser zu stoßen. Aber wissen wir wirklich, welche Bewandtnis es mit diesem Tiefbrunnen hatte?
Es war an einem schönen, wolkenlosen Sommertag. Die Leute, die die Sache hier leiteten, wollten sich über einen Spaß halbtot lachen, den sie sich mit dem Landrat erlaubt hatten und den ich selber miterlebte. Mein Freund, er war Adjutant des Generals von Göckel und auch geologisch interessiert, sorgte immer dafür, daß ich den Platz betreten durfte. Nun, an diesem bewußten Tag, fuhr der Landrat mit seinem Wagen über den

Platz. Plötzlich lief der Motor nicht mehr. In voller Fahrt setzte er aus. Wie ich hörte, geschah das durch ein elektromagnetisches Feld, das von einer unterirdischen Anlage erzeugt worden war. Das könnte man auch bei Panzern so machen, habe ich dann noch gehört. Wissen Sie denn, warum während des gesamten Zweiten Weltkriegs keine Bombe auf den Truppenübungsplatz gefallen ist, obgleich die Amerikaner und Engländer durch ihre Spione ganz genau wußten, daß hier schließlich auch SS lag? Eben deshalb, weil sie um diese Anlagen wußten. Lediglich auf Ohrdruf wurde ein Angriff geflogen, bei dem dann viele Ohrdrufer umgekommen sind."[46]

Studienrat Böttcher war nicht der einzige, der von solchen elektromagnetischen Feldern auf dem Truppenübungsplatz sprach. Auch in Archiven der ehemaligen Alliierten finden sich, wenn auch nur andeutungsweise, immer wieder solche Hinweise.

Rekapitulieren wir: Im Herbst 1943 wird das norwegische Schwerwasserwerk demontiert und nach Deutschland verbracht. (Mit der Annahme, Deutschland habe nicht über genug schweres Wasser verfügt, steht und fällt das Hauptargument gegen eine deutsche Atombombe). Drei Tage nach der Zerstörung des Vermork-Werkes informierte Esau den Reichsforschungsrat, er habe 800 000 RM für den Aufbau eines neuen Werkes ausgesetzt. 800 000 RM hätten natürlich niemals für den Neubau eines Werkes ausgereicht, wohl aber für seinen ***Wiederaufbau***!

Denkbar wäre daher folgendes Szenario: Auf dem Truppenübungsplatz Ohrdruf existieren sehr große Höhlen, die u. a. auch als Munitionsdepots genutzt wurden. Im Herbst 1943 wird das in Norwegen demontierte und nach Deutschland verlagerte Werk hier eingebaut. Daß das relativ schnell erfolgen konnte, scheint durchaus glaubhaft. Immerhin konnte das V2-Werk in Nordhausen binnen einer Frist von nur 15 Monaten errichtet werden. Das demontierte Schwerwasser-Werk mußte hingegen „nur" wieder zusammengesetzt werden. Wasser ist vorhanden. (Auch der angebliche Tief-brunnen des „Amtes 10" kann eine wichtige Rolle spielen. Wozu benötigt ein Nachrichtenamt so dringend Wasser? Die fieberhafte Suche der SS danach ist schon kurios: „... wir müssen unbedingt Wasser finden, egal wie tief...").
Wurde vielleicht gar zeitgleich mit dem Bau des Amtes eine Schwerwasserproduktion, möglicherweise als Versuchswerk, installiert?
Ein solches Werk benötigt sehr große elektrische Energiemengen. Paul Cibuzar, einer der wenigen US-Soldaten, der unmittelbar nach dem Zweiten Weltkrieg die hochmoderne Ausstattung des Nachrichtenamtes in Augenschein nehmen durfte, erwähnte anläßlich eines Interviews für die ZDF-Dokumentation zu „Olga", daß er in einem großen Raum eine Generatorenanlage gezeigt bekam, die nach den Worten des ihn führenden Offiziers „ausreichend (gewesen) sei, um eine Stadt wie Berlin mit Strom zu versorgen". (Übrigens wurde auch diese Aussage später verfälscht, um den Anschein zu erwecken, er habe nicht Stromversorgung, sondern

Versorgung mit Nachrichtenmitteln gemeint). Sollte eine solche Anlage ein ***Nachrichtenamt*** versorgen? Wohl kaum, für eine Elektrolyse aber wäre diese Versorgung angemessen gewesen!
Auch die Aussage Studienrat Böttchers erscheint plötzlich in einem anderen Licht, denn eine Elektrolyse erzeugt gewaltige Magnetfelder. Wer schon einmal an einer solchen vorbeigegangen ist, hat vielleicht erlebt, wie der in der Tasche steckende Schlüsselbund Eigeninitiative entwickelt. Und solch starke Magnetfelder können durchaus einen Motor zum Ausfall bringen.
Ich muß es noch einmal betonen: Falls wirklich ein bisher nicht bekanntes Schwerwasserwerk arbeitete, so bestand sehr wohl die Möglichkeit, eine deutsche Atombombe zu bauen!

Etwa am 9. Juli 1944 erfährt Rundnagel, daß die deutsche Atombombe fertig sei. Sie wiege nur um die 8 Kilo. Duplizität der Ereignisse, erneuter Zufall oder Beweis dafür, daß amerikanische und deutsche Wissenschaftler nicht genau gleich lagen, sondern die Deutschen weiter waren: In einer Agentenmeldung aus London, ebenfalls vom Juli 1944, heißt es, „... amerikanische Wissenschaftler arbeiten in der USA an einer Bombe, bestehend aus Uran. Bombe soll etwa 5 kg wiegen". Sie liegt somit in dem gleichen Gewichtsbereich, wie ihn Dr. Rehbein beschrieb, nur, daß er diese Bombe als einsatzbereit beschrieb!
Nicht einmal einen Monat später, am 5. August 1944, deutete Hitler anläßlich eines Gesprächs mit Keitel, Ribbentrop und dem rumänischen Marshall Antonescu

den Einsatz von Atombomben an:
„Deutschland hat vier geheime Waffen, V1 und V2 sind nur zwei davon, eine andere dieser Waffen hat eine solch kolossale Kraft, daß alles menschliche Leben im Umkreis von drei oder vier Kilometern um den Aufschlagpunkt vernichtet wird."

Bei dieser Aussage handelt es sich nicht um waffentechnische Utopien. Dies dokumentiert auch die bereits erwähnte Skizze eines geplanten Angriffes auf New York, die 1944 entstand. Diese auf der gegenüberliegenden Seite abgebildete Zeichnung wurde bisher als Angriffsplan für konventionelle Raketen angesehen. Im Zusammenhang mit dem vorher genannten paßt jedoch ein nuklearer Angriffsplan wesentlich besser ins Bild. Und das gleich aus mehreren Gründen. Einmal entspricht der angegebene Zerstörungsradius sehr genau der von Hitler beschriebenen Geheimwaffe: bis zu 4,5 km. Zweitens: Die Zerstörungsgewalt wird in Kilokalorien angeben! Die Zahlen sind wahrhaft gigantisch: Im Aufschlagspunkt werden sage und schreibe 1410^8 Kcal freigesetzt! Oder in Kalorien ausgeschrieben: 141.000.000.000.000! Für alle, die sich unter einer solchen Zahl nichts vorstellen können, sei der Hinweis erlaubt, daß bei der Explosion der Waffe im Aufschlagspunkt eine kleine Sonne entstehen würde. Diese Angaben können unmöglich einen konventionellen Angriff betroffen haben. Selbst mit etlichen Raketenbombern oder A10-Raketen wäre eine derartige Zerstörungskraft nicht einmal ansatzweise erreichbar gewesen.

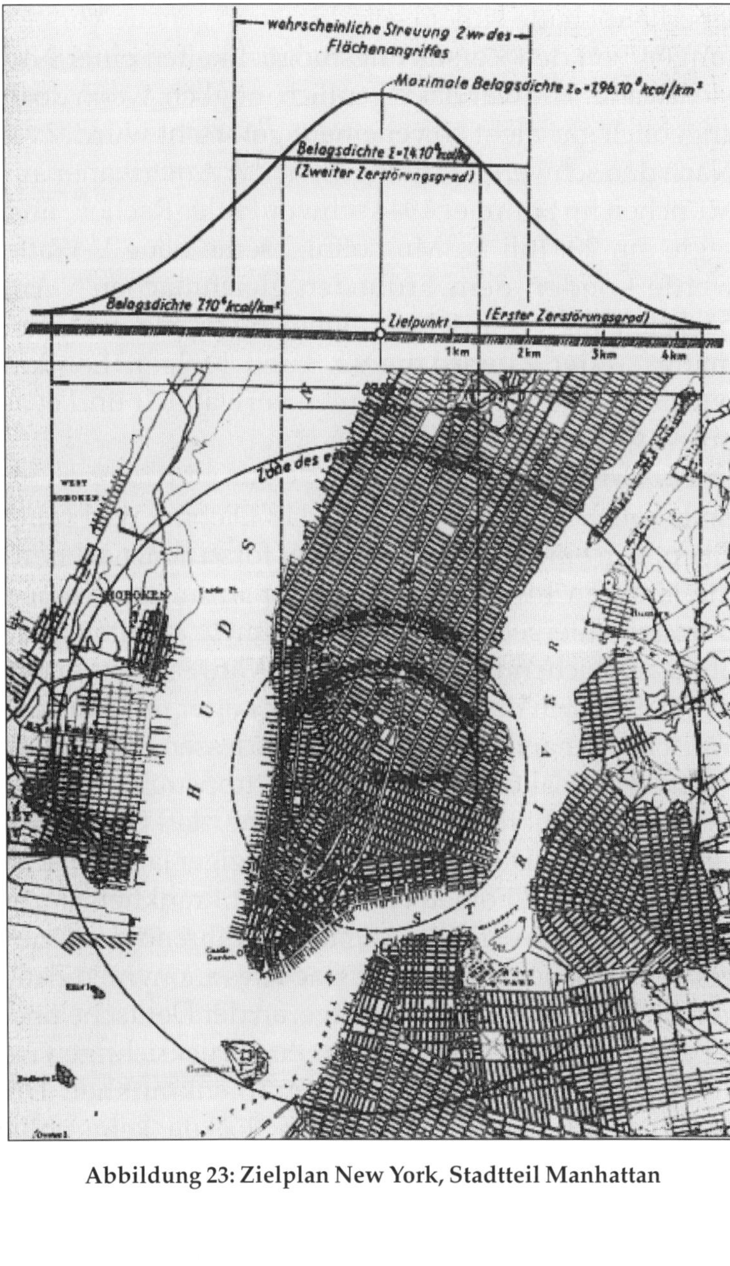

Abbildung 23: Zielplan New York, Stadtteil Manhattan

Überhaupt hatte Hitler beeindruckend genaue Vorstellungen von den Zerstörungsmöglichkeiten einer Nuklearwaffe. Wie war das eigentlich möglich, wenn doch angeblich gar nicht so vehement geforscht wurde?
Nach den schweren Luftangriffen der Amerikaner auf München im Sommer 1944 schwor Hitler Rache[47], und sagte am 20. Juli zu Mussolini, „seine neue V-Waffe werde London dem Erdboden gleichmachen". Am nächsten Tag verspricht er einem anwesenden Staatsmann, „... der V1 wird die V2, 3 und 4 folgen. London würde in einen Trümmerhaufen verwandelt und evakuiert werden müssen.[48]
Doch zurück nach Stadtilm.
Erstaunlich ist hier vor allem, daß Diebner und seine Gruppe in einem einfachen Keller forschten, nachdem die anderen Installationen vorher in unterirdischen Bunkern untergebracht waren. Nunmehr arbeitete man ohne ausreichenden Luftschutz!? Wäre es nicht denkbar, daß es sich bei dem Stadtilmer Labor nur um eine Täuschung handelte und sich stattdessen ein funktionsfähiger Reaktor im Bereich des Truppenübungsplatzes befand? Hierzu paßt die Tatsache, daß Dr. Berkei, ein Mitarbeiter Diebner's, in den sechziger Jahren nachweislich an den Folgen einer Strahlenkrankheit starb, die er sich nach eigenen Angaben „während des Krieges" zuzog, aber auch die Aussage des anonymen Zeugen über eine Art Fusionsanlage, an der Deutsche und Japaner gemeinsam arbeiteten. Zu berücksichtigen ist auch, daß - in bezug auf die Strahlenkrankheit Dr. Berkei's - normales Uran, etwa in Blöcken, keinesfalls so hohe Strahlendosen abgibt, daß man daran sterben

könnte; ein in Betrieb befindlicher Reaktor aber schon! Der österreichische Schriftsteller Fred Wander, welcher auch in Ohrdruf inhaftiert wurde, schrieb:
„... Es gab eine Krankheit, die den Körper rosig anschwellen ließ, bis sich die Epidermis in Eiter auflöste und platzte..." Waren auch das Folgen einer Strahlenkrankheit?
Es steht außer Zweifel, ***daß*** irgend etwas vor sich ging. Dies belegen nicht nur diverse Aussagen, sondern auch Zeitungsartikel, die als Quelle eine britische Parlamentsdelegation angeben, welche 1945 Ohrdruf besuchte. Cornelius Ryan berichtete im „Daily Telegraph" am 9. April 1945 u. a. die folgenden Fakten über Ohrdruf:
„Zu verschiedenen Gelegenheiten mußten kleine Gruppen von Häftlingen abgestellt werden, denen nur gesagt wurde, sie müßten in unterirdischen Bunkern arbeiten. Diejenigen, die zu diesen Gruppen gehörten, wurden nicht mehr wiedergesehen." ...
... „Etwa 80 Häftlinge, denen eine Flucht gelang, leben noch im Camp. Bedingt durch den scheußlichen Zustand des Lagers, dürfen es amerikanische Truppen nicht betreten."...
... „Ehemalige Häftlinge stehen dort unter vorübergehender Quarantäne, bis die zuständigen Stellen entscheiden, was mit ihnen geschehen soll."

Einfache Soldaten also durften den Bereich des Camps nicht betreten. Und die dortigen Häftlinge ließ man nicht hinaus. Ist es dann so abwegig anzunehmen, daß diese Maßnahmen ergriffen wurden, um sicherzustellen, daß Häftlinge „nichts Falsches" berichten würden? Oder mußte vor einer möglichen Entlassung geklärt werden, ob sie eventuell verstrahlt sind bzw. das betreffende Gelände „sauber" ist? Und dann die Bemerkung über die Häftlinge, die in „unterirdischen Bunkern" arbeiten mußten und anschließend nicht wieder gesehen wurden... Falls sie in dem unmittelbaren Gefahrenbereich eines Reaktors arbeiten mußten, so ist der Umstand ihres Verschwindens letztlich auch kein Wunder.

Überhaupt erinnern einige Beschreibungen der unterirdischen Anlagen eher an die Ausstattung moderner Kernkraftwerke: Da ist die Rede von gekachelten Bädern und gefliesten Stollen. Und es heißt: „... Geheizt wurde mit Vollautomatik. Die Türen waren mit Schleusen versehen. Laufend wurden durch zentrale Messungen der Überdruck, die Luftfeuchtigkeit usw. in jedem Raum überwacht...". - Ein wahrhaft seltsamer Aufwand für ein Nachrichtenamt.

Nachdem die US-amerikanischen Truppenverbände Stadtilm eingenommen hatten, fuhr ein Jeep durch die Stadt, um über Lautsprecher zu verkünden, daß „durch das, was hier gefunden wurde" die Kriegsschuld der Deutschen getilgt sei. Nur kurz zuvor hatte man das Ohrdrufer KZ befreit; welcher Art mußte der Fund gewesen sein, um das alles vergessen machen zu können?

Die „Burg" - ein Raketenkontrollzentrum?

Begeben wir uns in die Phase des Kriegsendes: Als die Amerikaner auf die Wachsenburg gelangten, war eine ihrer ersten, und in Kenntnis des offiziellen Kriegsgeschehens verwirrende Frage: „Wo ist Hitler?". Die Antwort, er halte sich nicht auf der Burg auf, konnte die US-Militärs nicht zufriedenstellen, immer wieder wurde gefragt, wo Hitler sei. Außerdem wollte man wissen, wo sich der unterirdische Bahnhof befinde bzw. wo dessen Gleise wieder herauskämen und ob man dort mit dem Auto hineinfahren könne.
Was wußten die alliierten Nachrichtendienste, was wir nicht wissen? Folgt man der bekannten Geschichtsschreibung, steht doch außer Frage, daß Hitler und sein Führungsstab im Führerbunker in Berlin saßen. Die Fragestellungen der Amerikaner beweisen allerdings, daß man durch Informanten bzw. Spione schon im Vorhinein einiges ausgekundschaftet hatte, was in den offiziellen Darstellungen über das Ende des Zweiten Weltkrieges heutzutage nicht auftaucht. Sollte Hitler vielleicht doch in Thüringen gewesen sein? In einem unterirdischen Bunkersystem?
Die Fragen der US-Militärs scheinen in diese Richtung gezielt zu haben. Man lag mit den Fragestellungen richtig, suchte aber die „Burg" an einer falschen Stelle, wie sich erst kürzlich herausstellte. Ein Heimatforscher aus Arnstadt übergab Gerhard Remdt die Aussage ei-

nes ehemaligen, am Bau beteiligten Ingenieurs, in der es heißt:
„... Die Burg war der strengste Bereich. Dazu war ein besonderer Baustab der SS im Gasthof Klipper auf dem Übungsplatz. Dieser hatte keine direkte Verbindung zum Baustab in Luisenthal. Es war auf dem Übungsplatz ein besonderes Gebiet mit verzweigtem System, das oberflächlich nur als MG-Bunker zu sehen war. Die Räumlichkeiten hatten Zimmergröße. In diesen Räumlichkeiten war Hitler und der Stab von Ende März bis Anfang April 1945. Die Räume waren durch Stahlbeton gesichert und mit einer besonderen Belüftungsanlage, eigener Wasser- und Stromversorgung ausgerüstet. Aber auch Küche und Kühlräume waren gebaut. Der Bereich Burg war von außen militärisch nicht erreichbar..."[49]

Hier haben wir es nun endlich - das vielgesuchte Führerhauptquartier! Oder sollte man doch besser „Kontrollzentrum" sagen? Das es sich nicht in den bisher behandelten, dekorierten, getäfelten und tapezierten Räumlichkeiten befunden haben kann, war ja voraussehbar: Hitler hat solch luxuriöse Ausstattungen in seinen Führerhauptquartieren nicht gewollt, sondern bevorzugte stattdessen eine eher spartanische Ausstattung. Schon deshalb wurde bisher die Auffassung vertreten, solcherlei Einrichtung sei dann wohl eher für das OKH oder OKW bestimmt gewesen. Diese Annahme scheint möglich zu sein, es gibt aber noch eine Erklärung, die uns wieder zu Nordhausen und den V-Waffen führt.

Im Sommer 1944 wurde dort nämlich Rickhey neuer Generaldirektor der Mittelwerke. Der ehemalige Werks-Chronist der Mittelwerke, Werner Brähne, erinnerte sich:
„Die markanteste Sorge dieses Mannes (Rickhey) war seine Baracke. Ursprünglich in Falkensee bei Berlin erbaut, ließ er dieselbe abbrechen und als vordringlichstes Heeresgut mit der Bahn nach Ilfeld in den Südharz bringen und im dortigen Pfarrgarten aufbauen. Im Grundriß 50 m x 12 m groß, bot sie Quartier für 300 Mann. Hier wohnte der Generaldirektor allein mit seiner Köchin. Der große Konferenzraum an der Südseite, 12 m x 8 m groß, war auf einer Seite vom Boden bis zur Decke verglast, davor befand sich eine Terrasse. Ein aus 5000 Steinen errichteter Kamin brachte Behaglichkeit in den Raum. Die Decke war in Kassetten aufgeteilt, farbige Gardinen schmückten die Fenster. Der Fußboden war mit einem dunkelroten Teppich ganz ausgelegt, der Raum mit altholländischen Möbeln ausgestattet. Fünf Bäder und vielerlei Zimmer, alle mit Zentralheizung, standen zur Verfügung. Die Speisekammer enthielt ein achtbares Lager von Alkohol aller Nationen Europas. Es war eine Bleibe, in der man den Krieg vergessen konnte... Die Baracke kostete laut Rechnung der DEMAG 13 000 RM."[50]

Solche Beschreibungen von Unterkünften führender Industrieller finden sich, gerade zu Kriegsende, häufig. Es wäre also durchaus denkbar, daß ein Teil der fertigen Räume einem solchen Zwecke diente.
Doch zurück zur „Burg", denn die zeitliche Abfolge

der Ereignisse spielt ebenfalls eine Rolle in dem bisherigen Szenario.
Am 27. März 1945 landen vier deutsche Flugzeuge auf dem Eichfeld bei Bittstädt. Unmittelbar danach fahren einige LKW mit SS durch den Ort, welcher durch Posten gesichert ist. Einige PKW folgen dem Konvoi, der auf der Klipperstraße in Richtung Truppenübungsplatz fährt. Kreisleiter Mütze, Oberbürgermeister Huhn und Atomforscher aus Stadtilm seien ihnen gefolgt, heißt es. Am nächsten Tag, dem 28. März, waren wiederum alle Kreuzungen durch die SS besetzt. 200 Meter hinter dem Ortsausgang in Richtung Truppenübungsplatz war ein Schlagbaum errichtet worden.[51]

General Patton äußerte auf dem Vormarsch nach Ohrdruf, die „... Eroberung Ohrdruf's sei die größte Chance der Weltgeschichte, sich mit Lorbeeren zu bedecken...". Demzufolge mußte es dort etwas geben, daß diese Aussage rechtfertigte. Der Vorstoß US-amerikanischer Truppen unter dem Kommando Pattons erfolgte aus bisher nicht nachvollziehbaren Gründen in einem unglaublich rasanten Tempo. Der bereits erwähnte Paul Cibuzar bestätigte auf Nachfrage, daß die US-Spitzen so schnell waren, daß sie schon Ortschaften hinter sich gelassen hatten, bevor der Hauptteil der Abteilung überhaupt Kontakt mit diesen hatte.
Am 7. April 1945 landeten einige amerikanische Flugzeuge auf dem Eichfeld. Mit hohen amerikanischen Offizieren besetzte Jeeps fuhren von dort aus durch Bittstädt in Richtung Jonastal. Interessanterweise befanden sich in den Jeeps auch „Leute ohne Uniform".

Am Nachmittag des selben Tages kamen sie zurück. Am darauffolgenden 8. und 9. April bewegte sich eine Kolonne mit zahlreichen Lastwagen der Amerikaner, die Kisten geladen hatten, erneut zum Eichfeld. Am 9. April wurde aber von Augenzeugen auch ein LKW-Konvoi vom Jonastal kommend gesehen, der durch Bittstädt in Richtung Holzhausen und von dort auf die Autobahn fuhr. Während dieser Zeit mußten alle Fenster in Bittstädt verschlossen und verdunkelt werden.[52]
Flugzeuglandungen, LKW-Konvois, hohe Offiziere - alles Zeichen hektischer Betriebsamkeit. Und das alles zu einem Zeitpunkt, wo nur wenige Kilometer entfernt, in Crawinkel und Gossel nämlich, immer noch SS lag und auf das Erbittertste kämpfte! Warum geht man zu diesem Zeitpunkt ein so großes Risiko ein und wartet nicht, bis diese Gefahr ausgeschaltet ist?
In dem Buch „Piercing the Reich" schreibt Persier, die Amerikaner hätten durch einen Spion von Ohrdruf erfahren:
„Frederick Mayer war als Spion in Innsbruck tätig. Er schickte am 3. April 1945 eine Nachricht an seine vorgesetzte Dienststelle, in der er berichtete, er habe von einem österreichischen Stabsoffizier, welcher das Führerhauptquartier am 21. März 1945 verlassen hatte, erfahren, daß das >Ausweich-FHQu< nicht der Obersalzberg sei, sondern sich bei Ohrdruf in Thüringen befände."[53]
Eine andere Entdeckungsgeschichte beschreibt Charles B. MacDonald: „... General Bradley bekam durch einen desertierten deutschen Offizier die verschwommene Nachricht, daß in Ohrdruf, einige Kilometer west-

lich Gotha's und etwa 25 km entfernt von der Werra, ein >FHQu bzw. eine Nachrichtenzentrale< zu finden sei."[54]
Immer erfolgte also ein Hinweis von außen, daß es sich in Ohrdruf um ein „wichtiges" Objekt handle. Und: „Als die Russen schon an der Oder standen, befahl Hitler ... die Verlegung des kompletten HQ nach Mitteldeutschland. Teile der Regierung und der militärischen Führung sollten in der Nähe von Ohrdruf untergebracht werden..."[55]; Hitler selbst wollte also eine Verlegung, wieso aber blieb er dann letztlich in Berlin?
In der nun folgenden Zusammenfassung klärt sich auch diese Fragestellung auf:
Nach den bisherigen Darstellungen und unter Berücksichtigung der Annahme, es habe deutsche Atomwaffen gegeben und diese seien eventuell auf Raketen montiert worden, ergibt sich ein verblüffend logisches Bild der Ereignis-Abfolge zum Ende des Zweiten Weltkrieges: Im März treffen sich Hitler, Himmler, Speer und andere Größen in Luisenthal nahe Ohrdruf, um letzte Einzelheiten eines geplanten Nuklearangriffes zu besprechen. Hitler läßt sich Ende März auf der „Burg" nieder. In einem Flugzeug landen am 27. März die Stadtilmer Atomforscher[56], im „Gepäck" die Bombe(n) mit sich führend, um die Rakete(n) zu bestücken. Der Abschuß wird, wahrscheinlich absichtlich, vereitelt. Teile des OKW haben von dem bevorstehenden Angriff erfahren und wollen dies allerdings unter allen Umständen verhindern. Hinweise über einen geplanten Nuklearangriff werden daher an die Amerikaner

weitergegeben. Diese sind zu Tode erschrocken und dringen in einem mörderischen Tempo nach Thüringen vor. Der Raketen-Abschuß kann nicht mehr stattfinden.

Die US-Truppen werden von der 6. SS Gebirgsjägerdivision im Raum Crawinkel aufgehalten, womit Hitlers Rückzug gedeckt ist. Er hat seinen letzten Trumpf verspielt und kehrt nach Berlin zurück. Hier läßt er seiner Wut über den Verrat der Wehrmacht freien Lauf: Seine Bemerkungen, er sei „von der Wehrmacht verraten worden" sind wörtlich zu nehmen und beziehen sich auf den Verrat des Angriffs.

Am 7. April landen amerikanische Flugzeuge auf dem Eichfeld; die an Bord befindlichen Zivilisten sind amerikanische Atomphysiker mit dem Auftrag, die Bombe(n) zu bergen.

Die weitere Mission Alsos hat den ausschließlichen Zweck, zu klären, ob noch weitere Bomben existieren bzw. gebaut werden können.

Utopie? Vielleicht. Andererseits ergibt sich so plötzlich eine Erklärung für bisher unerklärliches, wie Geheimhaltungsversuche und diverse existierende Widersprüche. Zum Abschluß ein besonders krasses Beispiel dafür, die militärische Situation um Ohrdruf Ende April 1945 betreffend:

„Am nächsten Tag, Ostersonntag, war die Dringlichkeit für Ohrdruf und die dortigen Geheimnisse, die die Eroberung enthüllen könnte, stärker als die Notwendigkeit, die 3. Armee zurückzuhalten, um einen neuen Angriff der 1. Armee zu erwarten. Obwohl die 4. Panzerdivision einen Brückenkopf jenseits der Werra bil-

dete, und, etwas weiter südlich, die 11. Panzerdivision ihr beinahe an der Seite war, waren beide Divisionen noch ungefähr zwanzig Meilen vor Ohrdruf, als am späten Nachmittag General Bradley die Nachricht durchgab, daß die Panzer weiter vorstoßen könnten, bis Ohrdruf eingenommen sei. ...
Gegen jetzt alltäglichen Widerstand - Straßensperren, bemannt mit zusammengescharten Gruppen von Infanteristen, Luftabwehrleuten, Volkssturm usw., ein seltener Panzer oder ein Sturmgeschütz, manchmal ein schneller Angriff von ein oder zwei Me 109, gesprengte Brücken - stieß die eine Kampfgruppe der 4. Panzerdivision nach Gotha vor, die andere auf Richtung Ohrdruf. Der Kolonnenkopf der Kampfgruppe A geriet einmal in eine Falle, schnell nacheinander hatten zwei Batterien von 88 mm-Geschützen sieben Panzer und vier Halbkettenfahrzeuge abgeschossen. Doch die Zivilbehörden haben Gotha ohne Kampf am Morgen des 4. April übergeben ... und am Nachmittag fuhr Kampfgruppe A weiter, um Ohrdruf einzunehmen."[57]

„... Ohrdruf wurde ohne groß zu kämpfen eingenommen..."[58]

Ist es schon merkwürdig genug, wie eilig es die US-Truppen wegen eines angeblichen Nachrichtenzentrums hatten, von dem sie nur gerüchteweise durch einen Deserteur bzw. Spion erfahren hatten, so verwundert es noch mehr, daß sie so völlig ohne Widerstand nach Ohrdruf gelangten. Kein Wort davon, daß die 6. SS-Gebirgsjäger Division erbitterten Widerstand leistete - und das eine ganze Woche lang!

Es muß einen schwerwiegenden Grund dafür gegeben haben, warum die Wahrheit nicht ans Tageslicht kommen durfte.
Wie heftig die Kämpfe tatsächlich gewesen sein müssen, zeigt auch der Bericht des Häftlings Leo Lauffer, dem es einige Tage vorher gelang, zu fliehen:
„Am nächsten Tag war der Krieg immer noch im Gange, und ich erinnere mich, daß Bomber kamen, und die Gegend um Ohrdruf bestrichen, auch den Bereich, in dem sich das Lager befand. Die Amerikaner sagten uns, wir sollten nach Gotha laufen... Auf dem Weg dorthin sahen wir eine Menge Leichen, alles Soldaten, es sah aus wie auf einem Schlachtfeld, und wir rannten wie verrückt nach Gotha..."[59]

Nachtrag

Kurz vor dem Abschluß der Arbeiten an diesem Buch ergaben sich noch einige weitere Hinweise, die allerdings nicht mehr einfließen konnten und in einer Neuauflage Berücksichtigung finden müssen. Sie seien daher an dieser Stelle nur kurz erwähnt:
Im vorliegenden Buch wurde eine mögliche Stollenanlage linkerhand des Jonastal-Stollens 1, im „abgesprengten" Hang vermutet. In dem Buch „Truppenübungsplatz Ohrdruf" findet sich die Aussage eines polnischen Häftlings, in der dieser sagt, „... 2 Meilen nördlich von Gossel befand sich eine unterirdische V-Waffen-Produktion, in der im Februar 1945 V3 gefertigt wurden"![60]
Mißt man die Entfernungsangabe „2 Meilen nördlich Gossel" aus, so kommt man etwa an einem der höchsten Punkte heraus, „zufälligerweise" genau am Ende einer gedachten Linie zwischen Stolleneingang (im Hang links neben 1) und den (vermutlichen) Luftschächten (charakterisiert durch gesprengte Mulden) darüber, exakt an einer großen Felsgruppe...
Ein weiterer „Zufall" ist sicherlich auch, daß genau hier Strahlung gemessen wurde. Die offizielle Verlautbarung geht davon aus, daß die sowjetischen Truppen bei ABC-Übungen ihre kontaminierten Fahrzeuge an diesem Platz abgewaschen hätten...
Auch die These der Anlage im Sonnenberg bestätigte

sich erneut, indem der Verlauf des Nachrichtenkabels über diesen Berg nachgewiesen werden konnte.
Einen sehr interessanten Hinweis erhielt ich aus Österreich. Dort existiert ein System, welches beeindruckende Parallelen zu „Olga" aufweist und unter dem Decknamen „Quarz" bekannt ist. Es gibt dort
- reinstes Trinkwasser (die Leitung ist noch intakt)
- radioaktive Strahlung (die 1996 gemessen wurde)
- Unmengen an elektrischen Leitungen (das größte und leistungsstärkste Donaukraftwerk Ybbs-Persenbeug wurde im Krieg geplant und ist nur einige Kilometer entfernt)
- Häftlinge, die nichts wissen
- eine unglaubliche Abschirmung gegen alle Arten von Wellen und Strahlung
- einen sehr schnellen und seltsamen Vorstoß US-amerikanischer Truppenverbände in dieses Gebiet
- eine komplett aufgeriebene Wehrmachtsgruppe, die zwar Wien und den Ostwall nicht verteidigen konnte, 10 km vor „Quarz" aber von Herbst 1944 bis Kriegsende noch eine durchgehende Frontlinie aufbaute.

Was bleibt?

Betrachtet man den Verlauf der letzten Kriegswochen im Raum Arnstadt/Ohrdruf und die in diesem Buch erwähnten Seltsamkeiten und Widersprüche, so bleiben nicht viele Auswahlmöglichkeiten übrig, wenn man das Gesamtgeschehen einer erklärenden Lösung zuführen will. Ich habe in diesem Buch versucht, dies zu tun. Im Gegensatz zu bisherigen Publikationen wurde meinerseits versucht, die Häftlingsaussagen, und seien diese auch noch so abstrus, wörtlich zu nehmen, was dann zusammen mit einer Neuinterpretation der damals stattgefundenen Ereignisse und den vorhandenen technischen Möglichkeiten der damaligen Zeit zu dem von mir entworfenen Bild führte.
Ich möchte betonen, daß ich, bevor ich mit den Arbeiten zu „Olga" begann, niemals auch nur ansatzweise die bisherige Geschichtsschreibung in bezug auf die Atomphysik angezweifelt hatte. Die Zweifel ergaben sich erst im Verlauf der Arbeit, teils bedingt durch Fakten, unübersehbare Lücken in den Archiven oder unerklärliche Aussagen; ebenso aber auch durch manch mysteriöse Drohung im Umfeld, die mir während der Recherchen, die ich unter anderem oft im Internet führte, zugeleitet wurde. So erlebte ich beispielsweise, daß Angehörige eines ehemaligen Häftlings, die mir Unterstützung zugesagt hatten, kurz darauf jede weitere

Hilfe verweigerten, mir aber viel Glück wünschten, und ausdrücklich baten, ich möge vorsichtig sein. Schlußendlich mußte ich auch die traurige, aber beweisbare Tatsache registrieren, daß es eine auffällige Häufung von tödlichen oder beinahe tödlichen Unfällen im Bereich von Zeitzeugen gab und gibt. Beispiele hierfür sind Frau Werner, die während der Dreharbeiten zu „Olga" beinahe von einer „zufällig" herabfallenden Eisenstange erschlagen worden wäre, oder Paul Cibuzar, der kurz nach dem Interview mit Hosny/Fitzke verstarb.

Sponsoren

Im Vorfeld des Buchprojekts wurde ich u. a. dankenswerterweise unterstützt von Fred Killet von der Firma Killetsoft. Er stellte mir das Programm Topowin unentgeltlich zur Verfügung, welches sehr hilfreich bei der Arbeit mit topographischen Karten ist. Erhältlich ist das Programm als Shareware im Internet unter http://info.schlund.de/killetsoft.

Ebenso dankend erwähnen möchte ich das Detektorcenter Martin Meyer, 31552 Rodenberg, Tel. 05723/6694, welches eine Unterstützung mit diversem Equipment realisierte.

Internet

Es gibt im Internet eine ganze Reihe von Recherchemöglichkeiten. Die neuesten Ergebnisse der „Olga"-Untersuchungen finden Sie in einer Unterabteilung von Schatzsucher DE (SDE). SDE wurde Anfang Dezember online gebracht und beschäftigt sich mit einem breiten Themenspektrum. Dazu zählen Schatzsuche, Geschichte, Abenteuer und ungeklärte Phänomene.
SDE hatte einen unerwarteten Erfolg: Innerhalb von nur 6 Wochen besuchten weit über 3000 Interessenten diese Seiten. Da sich SDE einzig über Werbeeinnahmen finanziert, soll hier erwähnt werden, daß es die Möglichkeit gibt, dort u. a. Werbeeinblendungen für „geistig verwandte" Firmen gegen eine geringe Gebühr zu realisieren. Dies können etwa Anbieter von Abenteuerreisen oder Verlage sein, prinzipiell eben jeder, der mit dem obigen Themenspektrum in Verbindung steht.
Schatzsucher DE finden Sie unter

http://www.schatzsucher.de

Abbildungsverzeichnis

(Alle Abbildungen: Archiv Verfasser)

Quellen- und Literaturverzeichnis

[1] Das Jonastal befindet sich auf der gleichnamigen Straße zwischen Arnstadt und Crawinkel. Die Stollenanlagen können in etwa der Mitte davon lokalisiert werden, von Arnstadt her kommend auf der rechten Seite. Das Tal scheint im Bereich „Olga" eine zentrale Rolle zu spielen.

[2] „Wir" sind mehrere Personen, die sich für dieses Thema und seine Geschichte interessieren. An erster Stelle sei hier meine Frau Jutta erwähnt, die mich, und sei es in noch so schwierigem Gelände, immer begleitete, wie dies auch Stephan Fengler tat, der von Anfang an dabei war.

[3] Gerhard Remdt / Günter Wermusch, Rätsel Jonastal, Die Geschichte des letzten „Führerhauptquartiers", Ch. Links Verlag, Berlin 1992 (grundlegendes Standardwerk).

[4] Ebenda, unter Bezugnahme auf Bundesarchiv Potsdam, Filmsammlung 17840.

[5] G. Remdt beschäftigt sich schon seit vielen Jahren mit dem Thema „Olga" und hat ein umfangreiches Archiv zu diesem Thema aufgebaut.

[6] Gerhard Remdt / Günter Wermusch, Rätsel Jonastal, Die Geschichte des letzten „Führerhauptquartiers", Ch. Links Verlag, Berlin 1992.

[7] Sie stammt von einem ehemaligen Arbeiter, der betonte, daß sie (die Arbeiter) über Treppen nach unten gelangten.

[8] Gerhard Remdt / Günter Wermusch, Rätsel Jonastal, Die Geschichte des letzten „Führerhauptquartiers", Ch. Links Verlag, Berlin 1992.

[9] Ebenda.

[10] Ebenda.

[11] Ebenda.

[12] Gerhard Remdt / Günter Wermusch, Rätsel Jonastal, Die Geschichte des letzten „Führerhauptquartiers", Ch. Links Verlag, Berlin 1992.
[13] Ebenda.
[14] Ulrich Brunzel, Hitlers Geheimobjekte in Thüringen, 6. Auflage, Heinrich-Jung-Verlagsgesellschaft mbH, Zella-Mehlis / Meiningen 1997.
[15] Persönliches Gespräch.
[16] Gerhard Remdt / Günter Wermusch, Rätsel Jonastal, Die Geschichte des letzten „Führerhauptquartiers", Ch. Links Verlag, Berlin 1992.
[17] Ebenda.
[18] Magisterarbeit J. Heckenthaler (unpubliziert), Archiv d. V.
[19] Bogdan Cybulski, Untersuchungen zu Ermittlungen der Sterblichkeitsziffern bei Häftlingen des KZ Groß Rosen im Eulengebirge in den Jahren 1944-45, SnFiZH VIII, Wroclaw.
[20] Catalogue of camps and prisons in Germany and German-occupied territories, Verlag Zweitausendeins, Frankfurt/M.
[21] Dieses Material wurde nach der Aussage eines Bahnmitarbeiters „zu einer Anlage in der Nähe eines Truppenübungsplatzes in Thüringen, welche schon weiter fortgeschritten war, verlagert".
[22] Aussage Herz Zuckermann, Archiv d. V.
[23] Gerhard Remdt / Günter Wermusch, Rätsel Jonastal, Die Geschichte des letzten „Führerhauptquartiers", Ch. Links Verlag, Berlin 1992.
[24] Ebenda.
[25] Ebenda.
[26] Ebenda.
[27] Archiv d. V.
[28] Gitta Sereny, „Albert Speer".

[29] Jerry Dolph gab eine genaue Ortsbeschreibung, die ich allerdings aus naheliegenden Gründen nicht abgedruckt habe.
[30] Auf der Kapsel war ein Wolf eingraviert, deswegen geht Remdt von einer westdeutschen Arzneimittelfirma namens Wolf aus, die die Kapsel ehemals fertigte, bevor sie zweckentfremdet wurde. Abgesehen von der Frage, was ein Westdeutscher zur Zeit des Kalten Krieges mit solchen Zeichnungen in unmittelbarer Nähe eines russischen Truppenübungsplatzes zu suchen hat, sei daran erinnert, daß Wolf immerhin auch der Codename des Führers war!
[31] Hosny / Fitzke, Das letzte Führerhauptquartier, Was fand die US-Armee 1945?, ZDF-Dokumentation, 1992.
[32] Freigegebene Mikrofilmrollen des Department of the Air Force, Maxwell Air Force Base, Alabama, USA (zu Geheimwaffen und ihren Produktionsstandorten); MICFILM 25216 u. a.
[33] Eugen Kogon, The Theory and Practice of Hell, 1950.
[34] Ulrich Brunzel, Hitlers Geheimobjekte in Thüringen, 6. Auflage, Heinrich-Jung-Verlagsgesellschaft mbH, Zella-Mehlis / Meiningen 1997.
[35] Brunzel geht von einem Irrtum Baumanns aus. Da Baumann berichtet, er sei 5 Monate dort geblieben und habe später an dem Evakuierungsmarsch teilgenommen, rechnet Brunzel einfach von März 1945 zurück und kommt im Ergebnis auf den November 1944, was natürlich wesentlich besser in das bisher bekannte Bild paßte. Nach der Aussage Zuckermanns aber ist dies neu zu bewerten, immerhin ist es genauso gut möglich, daß Baumann sich in der Verweildauer geirrt hat.
[36] Archiv d. V.
[37] Laut Speer arbeiteten die drei verbliebenen Nervengas-

fabriken bis November. Als Hitler im Herbst in Betracht zog, Tabun und/oder Sarin gegen die Russen einzusetzen, habe Speer dies dadurch verhindert, daß er die Vorprodukte sperrte, wodurch keine weitere Produktion stattfinden konnte. Dies ist aber keinerlei Beweis, es waren schon viele Tonnen von diesen zwei Gasen produziert und auf Lager gelegt worden.

[38] Archiv d. V.

[39] Dieter Meinig, „X-Akte Jonastal" - die Rätsel des letzten Führerhauptquartiers, Wissenschaft ohne Grenzen, Ausgabe 1/1997, WOG-Verlag, Suhl 1997.

[40] Archiv d. V.

[41] Christopher Simpson, „Blowback", S. 33.

[42] Tom Agoston, „Blunder! How the U.S. gave away Nazi supersecrets to Russia!, Dodd / Mead & Company, New York, S. 38.

[43] Armin Hermann, „Die Jahrhundertwissenschaft".

[44] Ebenda.

[45] Ebenda.

[46] Gerhard Remdt / Günter Wermusch, Rätsel Jonastal, Die Geschichte des letzten „Führerhauptquartiers", Ch. Links Verlag, Berlin 1992.

[47] Tagebuchnotiz von General Kreipe, Chef des Luftwaffenstabes 21. Juli 44: „Morgenkonferenz; Besprechung über die Möglichkeiten zum Einsatz eines Langstreckenbombers gegen New York. Die Marine kann zur Zeit kein U-Boot zum Aufsammeln bereitstellen. Ich verwerfe den Plan." Die Begründung, der Plan sei wegen einiger Soldaten fallengelassen worden, mag befremden, es entspricht aber dem schizophrenen Denken Hitlers: Auf der einen Seite werden zigtausende von Soldaten in Stalingrad geopfert, auf der anderen

sorgt er sich rührend um das Wohlergehen einzelner.
[48] Irving, „The German Atomic Bomb".
[49] Dokumentation von G. Remdt in „Thüringer Allgemeine"
[50] Manfred Bornemann, „Geheimprojekt Mittelbau".
[51] G. Remdt, „Wider dem Vergessen", Dokumentation.
[52] Ebenda.
[53] Joseph Persier, „Piercing the Reich", 1979, Seite 218.
[54] Charles B. MacDonald, „The Last Offensive", Office of the Chief of Military History, US Army, Washington DC 1973, US Government, Printing Office, Seite 376.
[55] Rittmeister G. Boldt. Er nahm an den Lagebesprechungen teil.
[56] In seinen „Erinnerungen" legt Speer seine Rückkehr aus (angeblich!) dem Ruhrgebiet eben auch auf den 27. März; tatsächlich aber war es der 28. März. Er hätte also sowohl an dem Luisenthaler Treffen, wie auch an dem theoretischen „Abschuß" teilnehmen können. Dann aber könnte diese Falschangabe des Datums mit Absicht geschehen sein, um später nicht mit den Vorgängen in Verbindung gebracht zu werden.
[57] Charles B. MacDonald, „The Last Offensive", Office of the Chief of Military History, US Army, Washington DC 1973, US Government Printing Office, Seite 376.
[58] Ebenda.
[59] Aussage L. Laufer, Archiv d. V.
[60] Autorenteam, Truppenübungsplatz Ohrdruf, Heinrich-Jung-Verlagsgesellschaft mbH, Zella-Mehlis / Meiningen 1995.

Register

A

B

C

H

I

J

K

L

M

S

T

V

W

Ulrich Brunzel

HITLERS GEHEIMOBJEKTE IN THÜRINGEN

Dieses Buch ist eine wahre Fundgrube für jeden zeitgeschichtlich Interessierten! Es behandelt vorrangig die Geheime Kommandosache „Olga", das Sonderlager S III bei Ohrdruf, das Jonastal und das Atomreaktorlabor in Stadtilm, die Raketenbaustätte Mittelbau-Dora, das unterirdische Flugzeugwerk bei Kahla / Großeutersdorf und damit verbunden den Bau des legendären Düsenjägers Me 262 und das Luftmunitionslager Gehren. Viele mit diesen Objekten in Zusammenhang stehende Fragen sind bis heute nur sehr mangelhaft erörtert worden. Natürlich berichtet der Autor auch über die Suche nach dem legendenumwobenen Bernsteinzimmer und zahlreiche geheime Depots in Thüringen, die immer wieder die Phantasie von Abenteuern und Schatzsuchern, aber auch interessierten Laien anheizen.

In diesem Buch werden eine Reihe von Antworten gegeben, aber auch viele neue Fragen aufgeworfen, die teilweise recht brisant erscheinen und weit über die Interessen der etablierten Geschichtsforschung hinausgehen. Auch auf die Nutzung der deutschen Raketentechnik durch die USA, (einstigen) UdSSR, Frankreich und Großbritannien in den Nachkriegsjahren wird eingegangen.

(H.-Jung-Verlagsgesellschaft, 264 S., mit Abb., ISBN 3-930588-31-5),
Preis: 39,80 DM

*****

VORANKÜNDIGUNG

Ulrich Brunzel

BEUTEZÜGE IN THÜRINGEN

Kunstschätzen, Wunderwaffen und Raubgold auf der Spur

Geschmäht, beachtet, umjubelt und verdammt - so zeichnete sich Aufstieg und Untergang der Nationalsozialisten auch in Thüringen ab. Für Hitler war das Thüringer Land am Ende seines Traumes vom Tausendjährigen Reich Schatztresor, Experimentierfeld und Versteck geheimster Waffensysteme.
Ungezählte Arbeitssklaven hatten Hitlers Pläne umzusetzen. Sie wurden als Geheimnisträger ebenso umgebracht wie eingeweihte Nazis selbst. Geblieben sind die wachsamen Gralshüter und die furchtbarste Waffe der Nationalsozialisten, ihre Ideologie. Während Hitler Selbstmord beging und sein Gauleiter von Thüringen, Fritz Sauckel, am Galgen der Sieger in Nürnberg endete, erwiesen sich Letztere als gelehrige Schüler.

Am Ende des Krieges begann das unheilvolle Gegeneinander der Alliierten, so wie es Hitler vorausgesagt hatte.
Im Wettlauf mit der Zeit perfektionierten die Siegermächte die erbeuteten und blutbesudelten Waffensysteme Hitlers, bereit sie jederzeit auch einzusetzen. Sein Raubgold sorgte für wirtschaftlichen Aufschwung. So wurden die Alliierten zu Hitlers Erben und Nachlaßverwalter. Komplizierte geschichtliche Sachverhalte sind in diesem Buch recherchiert, bewertet und nachvollziehbar aufbereitet worden.

(H.-Jung-Verlagsgesellschaft, ISBN 3-930588-49-8)
Das Buch erscheint voraussichtlich im 4. Quartal 1998

Vorbestellungen an: CTT-Verlag, Stadelstraße 16, D-98527 Suhl, Fax: 03681 / 30 49 18
Email: CTTVERLAG@t-online.de